어떻게 사고할 것인가

33가지 사고실험을 중심으로

어떻게
사고할 것인가

33가지 사고실험을 중심으로

기타무라 료코

김정환 옮김

까치

RONRITEKI SHIKORYOKU WO KITAERU 33NO SHIKOJIKKEN
論理的思考力を鍛える33の思考実験

by Ryoko Kitamura 北村良子

역자 김정환(金廷桓)

건국대학교 토목공학과를 졸업하고 일본외국어전문학교 일한통번역과를 수료했다. 21세기가 시작되던 해에 우연히 서점에서 발견한 책 한 권에 흥미를 느끼고 번역의 세계를 발을 들여, 현재 번역 에이전시 엔터스코리아 출판기획 및 일본어 전문 번역가로 활동하고 있다. 경력이 쌓일수록 번역의 오묘함과 어려움을 느끼면서 항상 다음 책에서는 더 나은 번역, 자신에게 부끄럽지 않은 번역을 할 수 있도록 노력 중이다. 공대 출신의 번역가로서 공대의 특징인 논리성을 살리면서 번역에 필요한 문과의 감성을 접목하는 것이 목표이다. 야구를 좋아해 한때 imbcsports.com에서 일본야구 칼럼을 연재하기도 했다.

어떻게 사고할 것인가 : 33가지 사고실험을 중심으로

저자/기타무라 료코

역자/김정환

발행처/까치글방

발행인/박후영

주소/서울시 용산구 서빙고로 67, 파크타워 103동 1003호

전화/02 · 735 · 8998, 736 · 7768

팩시밀리/02 · 723 · 4591

홈페이지/www.kachibooks.co.kr

전자우편/kachisa@unitel.co.kr

등록번호/1-528

등록일/1977. 8. 5

초판 1쇄 발행일/2018. 4. 25

   2쇄 발행일/2018. 6. 1

값/뒤표지에 쓰여 있음

ISBN 978-89-7291-664-2 03100

이 도서의 국립중앙도서관 출판예정도서목록(CIP)은 서지정보유통지원시스템 홈페이지(http://seoji.nl.go.kr)와 국가자료공동목록시스템(http://www.nl.go.kr/kolisnet)에서 이용하실 수 있습니다. (CIP제어번호 : CIP2018011815)

차례

머리말 11

제1장 윤리관을 뒤흔드는 사고실험

[사고실험 No. 01] 폭주하는 광석차와 인부 18
　폭주하는 광석차에 5명이 죽도록 내버려둘 것인가, 아니면 선로를 전환해서 1명을 희생시킬 것인가?

[사고실험 No. 02] 폭주하는 광석차와 인부와 거구의 사내 26
　폭주하는 광석차에 5명이 죽도록 내버려둘 것인가, 아니면 1명을 선로로 떨어뜨려 광석차를 정지시킬 것인가?

[사고실험 No. 03] 폭주하는 광석차와 둘로 갈라졌다가 다시 합류하는 선로 35
　폭주하는 광석차에 5명이 죽도록 내버려둘 것인가, 아니면 갈라졌다가 다시 합류하는 선로로 전환해서 그 선로에 있는 1명을 희생시킴으로써 광석차를 정지시킬 것인가?

[사고실험 No. 04] 장기 기증자 뽑기 42
　건강 검진을 받으러 온 사내를 안락사시키고 장기 이식을 기다리는 5명에게 그 사람의 장기를 기증하는 것은 정당할까?

[사고실험 No. 05] 지극히 공평한 장기 기증자 뽑기 44
　모든 사람을 대상으로 공평하게 제비뽑기를 해서 장기 기증자를 결정하는 것은 정당할까?

[사고실험 No. 06] 6명의 환자와 약 50

특효약이 1인분밖에 없는 상황에서 위중한 환자 1명과 중간 정도 인 환자 5명이 있다면 누구에게 약을 줄 것인가?

[사고실험 No. 07] 효과가 없는 약 53

약이 잘 듣지 않아 5인분의 약이 필요한 환자 1명과 통상적인 분 량으로 충분한 환자 5명이 있을 때, 약이 5인분밖에 없다면 누구 에게 사용할 것인가?

[사고실험 No. 08] 마을의 지명수배자 58

폭도로 변한 마을 주민 5명과 누명을 쓴 외부인 1명 중에서 누구 를 구할 것인가?

제2장 모순이 얽혀 있는 패러독스

[사고실험 No. 09] 테세우스의 배 66

오랫동안 꾸준히 수리되어온 테세우스의 배와 수리를 위해서 뜯 어낸 원래의 목재를 사용해서 복원한 테세우스의 배 중 어느 쪽이 진짜 테세우스의 배일까?

[사고실험 No. 10] 아킬레우스와 거북이 79

발이 빠른 아킬레우스는 아무리 달려도 발이 느린 거북이를 따라 잡을 수 없다. 그 이유는 무엇일까?

[사고실험 No. 11] 5억 년 버튼 84

단추를 누르면 다른 세계에서 5억 년을 보내야 하지만 5억 년이 지나면 괴로웠던 기억은 사라지고 원래의 세계로 돌아와 100만 엔을 받을 수 있는 아르바이트가 있다. 이 아르바이트를 해야 할 까, 하지 말아야 할까?

[사고실험 No. 12] 타임머신 이야기 (1) 93

자신이 태어나기 전에 돌아가신 어머니를 타임머신으로 살릴 수
있을까?

[사고실험 No. 13] 타임머신 이야기 (2) 97

20년 전에 죽은 여동생을 타임머신으로 살릴 수 있을까?

[사고실험 No. 14] 타임머신 이야기 (3) 101

타임머신을 타고 과거로 가서 조부모의 만남을 방해함으로써 아
버지의 탄생을 방해할 수 있을까?

제3장 숫자와 현실의 불일치를 경험하는 사고실험

[사고실험 No. 15] 몬티 홀 문제 110

3개의 문 가운데 정답을 선택하면 경품을 받을 수 있다. 정답이
아닌 문을 하나 알고 나서 선택을 바꾸면 정답을 선택할 확률은
높아질까?

[사고실험 No. 16] 불공정한 디자인 경연 대회 126

확률적으로 불리한 경연 대회에서 다른 참가자 1명의 결과를 들
었을 경우 자신이 선정될 확률은 높아질까?

[사고실험 No. 17] 도박사의 갈등 140

룰렛에서 9회 연속으로 빨간색이 나왔을 경우 다음에 검은색이
나올 확률은 빨간색이 나올 확률보다 높을까?

[사고실험 No. 18] 트럼프의 기적 148

트럼프 다발에서 무작위로 4장을 뽑았을 때 모든 카드가 A일 확
률과 전혀 다른 카드의 특정 조합일 확률 중 어느 쪽이 높을까?

[사고실험 No. 19] 카드의 앞면과 뒷면 152

"짝수가 적혀 있는 카드의 뒷면은 하트"라는 조건이 있을 경우, 6장의 카드 중에서 어느 카드를 뒤집어야 그 조건이 옳은지 알 수 있을까?

[사고실험 No. 20] 조건을 확인하기 위한 질문 154

누구에게 어떤 질문을 해야 학원이 강사의 조건을 제대로 지키고 있는지 확인할 수 있을까?

[사고실험 No. 21] 주문서의 뒷면 160

"커피를 주문하지 않은 여성 손님 전원이 디저트 메뉴를 주문했다"라고 점원이 말했을 때, 어떤 주문서를 뒤집어서 확인해야 점원의 말이 맞는지 알 수 있을까?

[사고실험 No. 22] 2개의 봉투 (1) 167

금액이 적힌 종이가 들어 있는 봉투가 2개 있는데, 한쪽에는 다른 한쪽의 두 배 또는 절반의 금액이 적혀 있다. 처음에 선택한 봉투를 바꿔도 된다면 교환하는 편이 이익일까?

[사고실험 No. 23] 2개의 봉투 (2) 182

한쪽 봉투에는 2만 엔이 들어 있으며 다른 봉투에는 그 두 배 또는 절반이 들어 있다. 이 봉투를 다른 봉투와 교환하는 편이 이익일까?

[사고실험 No. 24] 엘리베이터의 남녀 185

레스토랑에 오는 손님의 성비가 반반임을 알고 있을 때, 2명이 타고 있는 엘리베이터에서 먼저 남성이 내렸다면 다음에 내리는 사람은 여성일 확률이 높을까, 아니면 남성일 확률이 높을까?

[사고실험 No. 25] 이상한 계산식 (1) 195

"1 = 0.9999999……"는 있을 수 있을까?

[사고실험 No. 26] 이상한 계산식 (2) 203

"2 = 1"은 있을 수 있을까?

제4장 부조리한 세상에서 살아남기 위한 사고실험

[사고실험 No. 27] 쪽지 시험 214

"다음 주에 쪽지 시험을 보겠다"라고 선언하면 "쪽지" 시험을 실시할 수 없다?

[사고실험 No. 28] 살기 위한 대답 (1) 222

"자네가 원하는 방법으로 죽여주지"라는 말을 들었을 때, 살아남기 위해서는 뭐라고 대답해야 할까?

[사고실험 No. 29] 살기 위한 대답 (2) 226

"지금부터 내가 할 행동을 알아맞히면 살려주겠다"라는 말을 들었다면 살아남기 위해서는 뭐라고 대답해야 할까?

[사고실험 No. 30] 공범의 자백 228

둘 다 침묵을 지키면 각각 징역 2년. 한쪽이 자백하면 자백한 쪽은 석방되지만 침묵한 쪽은 징역 10년. 둘 다 자백하면 각각 징역 6년. 용의자인 A씨와 B씨는 어느 쪽을 선택할까?

[사고실험 No. 31] 매리의 방 234

태어났을 때부터 세상이 흑백으로 보이는 고글을 쓰고 자란 색연구가 매리는 고글을 벗었을 때 무엇을 알게 될까?

[사고실험 No. 32] 바이올리니스트와 자원 봉사자 239

생면부지의 바이올리니스트를 구하기 위해서 9개월 동안 연결관
으로 이어진 채 구속되어 있어야 할 의무가 있을까?

[사고실험 No. 33] 컴퓨터가 지배하는 세상 246

컴퓨터가 직업 적성이나 범죄자를 판단해주는 세상은 행복한 세
상일까?

후기 251

추천의 글 255

머리말

사고실험(思考實驗, thought experiment)은 실험이라는 말을 들었을 때 머릿속에 가장 먼저 떠오를 과학 실험실에서의 실험처럼 특정한 도구나 도구를 다룰 장소가 필요한 실험이 아니다. 사고실험은 어떤 특정한 조건 아래에서 깊게 생각해보고 머릿속에서 추론을 거듭하며 자기 나름의 결론을 이끌어내는, 말 그대로 사고(思考)를 도구로 사용하는 실험이다.

전해지는 이야기에 따르면, 뉴턴은 나무에서 떨어지는 사과를 보고 "이 현상은 우주의 다른 별에도 똑같이 적용될 것이 아닌가? 그렇다면 달은 왜 떨어지지 않고 계속 하늘에 떠 있을 수 있는 것인가?"라고 생각했다고 한다. 이 사고가 유명한 만유인력(萬有引力, universal gravitation)의 법칙으로 이어졌는데, 이것도 사과가 아래로 떨어진다는 현상을 머릿속에서 확대 해석한 일종의 사고실험이라고 할 수 있다.

사고실험에서는 실험이 일어나는 장소는 여러분의 머릿속이고, 실험 도구는 여러분의 윤리관과 지금까지 쌓아온 지식, 논리적 사고력, 집중력, 상상력 같은 것들이다. 따라서 사고실험은 시간과 장소에 구애받지 않으며 특별한 도구도 필요하지 않다. 출퇴

근길에 만원 버스나 지하철 안에서 할 수도 있고, 이불 속에서도, 심지어 밥을 먹는 중에도 할 수 있다. 뿐만 아니라 사고실험은 자신을 새롭게 이해하는 계기도 될 수 있으며, 두뇌 트레이닝에도 힘을 발휘한다.

또한 사고실험은 비즈니스를 할 때 없어서는 안 될 논리적 사고력을 단련하는 데에도 도움이 된다. 추론을 거듭하면서 사물을 다양한 각도에서 바라보고 결론을 이끌어내려면 논리력이 필요하기 때문이다.

나는 퍼즐 작가로서 매일 수많은 문제들과 씨름하는 가운데 사고실험을 만나서 이 책을 쓰게 되었는데, 퍼즐과 사고실험은 뇌를 단련하는 데에 매우 효과적이며, 또 즐겁게 할 수 있다는 점에서 공통점이 있다.

이 책에는 우리의 뇌를 자극하는 사고실험 33가지가 준비되어 있다. 유명한 사고실험부터 나만의 독자적인 사고실험에 이르기까지 독자들이 사고실험을 폭넓게 즐길 수 있도록 엄선했다.

가장 먼저 소개하는 사고실험은 사고실험을 일약 유명하게 만든 광석차 문제이다. 폭주하는 광석차가 선로에서 일하던 인부를 치어서 인부가 사망한다는 한 가지 상황에 다양한 배경 설정들이 추가되면서 시나리오가 다각적으로 전개된다. 광석차를 피한다든가 달려오는 광석차를 미리 발견하고 대피한다든가 현실에서는 충분히 생각할 수 있는 시점을 의도적으로 배제하여 선택지를 제한함으로써 어려운 판단을 한다.

그밖에 달리기를 잘하는 사내가 느린 거북이를 영원히 따라잡지 못한다는 "아킬레우스와 거북이" 등의 패러독스(역설) 문제, 숫자를 다룬 매우 논리적인 문제, 과거와 미래를 상상하거나 처음으로 색을 본 순간을 상상하는 등 머릿속에서 세계관을 만들어낼 필요가 있는 문제도 있다.

이야기와 트릭이 가득한 세계를 즐기는 사이에 독자들은 자연스럽게 논리적 사고력이 단련되고 새로운 발견과 깨달음을 얻게 될 것이다.

그러면 서둘러 사고실험의 세계로 여행을 떠나자.

제1장

윤리관을 뒤흔드는 사고실험

여러분은 "어느 쪽"을 구할 것인가?

　지금부터 우리가 다루고자 하는 문제는 무겁기는 하지만 누구나 쉽게 생각해볼 수 있는 주제인 삶과 죽음을 다룸으로써 철학자를 비롯한 많은 사람들의 관심을 끌어왔다. 실험에서 제시된 상황이 실제로 일어난다면, 나는 어떻게 행동할지 고민하고 판단을 내려보자. 그러면 자신의 윤리관이나 판단 기준에 대해서 무엇인가 깨닫는 바가 있을 것이다. 또한 자신과는 다른 의견, 다수파의 의견을 알게 됨으로써 사고의 폭을 조금이라도 넓히는 데에 도움을 줄 것이다.

　이 장에서는 "5명을 구할 것인가, 1명을 구할 것인가?"라는 공통의 문제를 고민해볼 것이다. 현실적으로는 있을 수 없는 설정도 있지만, 5명을 구할 것인가, 1명을 구할 것인가라는 한 가지 문제에 초점을 맞추기 위한 것이라고 생각하기 바란다.

　실제 현장에서는 다른 선택지들도 존재하는 경우가 대부분이며, 여러분이 하게 될 행동이 반드시 예상되는 결과로 이어진다는 보장도 없다. 이런 현실적으로 있을 수 없는 억지 설정을 만들어서 불쾌하고 의미 없는 판단을 강요할 필요가 있겠느냐는 생각이 들어도 이상하지 않다.

　다만 이것은 어디까지나 사고실험을 위한 설정이다. 따라서 애초에 비현실적인 설정이므로 고민해도 의미가 없다거나 생명을 저울질하거나 하는 것은 문제가 되지 않으니 이런 생각은 잠시 접어두기를 바란다. 또한 이 사고실험의 의도는 생명의 경중을 선별하라는 것이 아니다.

폭주하는 광석차와 인부

이번에 소개할 "폭주하는 광석차(trolly)와 인부"는 영국의 윤리학자인 필리파 풋(Philippa Foot, 1920-2010)이 1967년에 제시한 이래 오늘날까지도 논란이 거듭되고 있는 매우 유명한 사고실험이다. 사고실험이 어떤 것인지 체험하기 위해서 먼저 이 유명한 사고실험에서부터 시작하고자 한다.

광석차 문제를 소재로 한 사고실험에는 몇 가지 패턴이 있는데, 공통점은 "5명을 구하기 위해서 1명을 희생하는 것이 올바른 결정인가?"라는 주제이다. "5명을 구할 것인가, 1명을 구할 것인가?"라는 부분은 같지만 다양하게 배경을 설정할 수 있으며, 그 설정에 따라서 다수파를 차지하는 의견이 달라진다. 많은 사람들이 어떤 조건에서는 5명을 구하는 쪽을 선택하지만 또다른 조건에서는 1명을 구하는 쪽을 선택한다. 여러분도 이것을 직접 체험해보기 바란다.

또한 여러분의 의견이 다수파에 속하지 않을지도 모르지만 설령 그렇다고 해도 다수파가 정답이라는 의미는 아니므로 안심하기 바란다.

그러면 단순하면서도 가장 유명한 광석차 문제부터 살펴보자.

*

선로 전환기 근처에 서 있는 여러분은 엄청난 광경을 목격하고
말았다. 여러분의 오른쪽 방향에서 광석을 가득 실은 광석차가
무서운 속도로 폭주하고 있다. 브레이크가 고장이 났는지, 누가
보더라도 비정상적인 속도였다.

폭주하는 광석차를 멈추기는 도저히 불가능하다. 다만 여러분
이 선로 전환기를 조작하면 광석차의 진행 방향은 바꿀 수 있다.

저쪽 선로에는 5명의 인부들이 작업을 하고 있다. 5명 모두 광
석차가 달려오고 있다는 사실을 꿈에도 알지 못하고 있으므로,
아마도 피하기는 불가능할 것이다. 이대로는 폭주하는 광석차
에 치여 5명 모두 죽고 말 것이다.

여러분은 선로 전환기의 존재를 깨닫고 이것을 조작해서 5명
을 구하기로 마음먹었다. 그리고 전환기로 달려가 재빨리 스위
치에 손을 뻗었다. 그런데 이것이 무슨 운명의 장난인지, 방향을
바꾸려는 쪽 선로의 상황을 살피려고 고개를 돌린 여러분은 그
쪽 선로에 서 있는 인부 1명을 발견했다. 전환기를 조작하면 그
인부는 목숨을 잃을 수밖에 없다.

여러분은 이 6명을 전혀 알지 못하며, 6명의 인부들은 모두 아
무런 죄도 없는 사람들이다. 그저 우연히 그 참혹한 현장에 있게
되었을 뿐이다. 여러분도 우연히 현장에 있었을 뿐, 그곳에 전환
기가 없었다면 그저 방관자 중 한 사람이었을 것이다.

실제로는 "5명씩이나 있으면 누군가는 광석차가 다가오고 있다는 사실을 눈치챌 것이다"라든가 "큰 소리로 위험을 알린다" 등 다양한 방법들을 생각할 수 있겠지만, 여기에서는 선로 전환기를 조작하는 것 이외에 여러분이 할 수 있는 일은 없으며, 인부들 중 어느 누구도 광석차의 폭주 사실을 눈치채지 못한다고 가정한다.

　여러분은 선로 전환기를 조작하겠는가?

　아니면 그대로 내버려두겠는가?

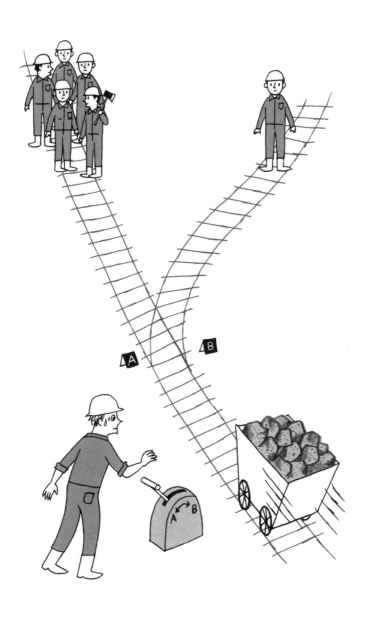

자, 이제 생각을 정리했는가?

여기에서는 이 사고실험과 관련해서 어떤 의견들이 있으며, 그 중에서 무엇이 주류 의견인지를 소개하겠다. 그러니 일단 자신의 머리로 사고실험을 해본 다음에 읽기를 바란다.

이 사고실험은 일본 NHK 방송국에서 방송된 마이클 샌델(Michael J. Sandel) 교수의 "하버드 특강—정의"에서 소개되어 널리 알려지게 된 문제이다. 그래서 이미 이 실험에 대해서 알고 있는 사람도 많을지 모른다.

이 사고실험에서 다수의 의견은 "전환기를 조작해서 1명을 희생시키고 5명을 구한다"이다. 유명한 사고실험이어서 통계 자료도 많은데, 5명을 구하기 위해서 전환기를 조작하여 1명을 희생시키더라도 용서를 받을 것이라고 대답한 사람이 대체로 85퍼센트가 넘었다.

이 조건에서는 주로 1명보다 5명을 구한다는 단순 계산적인 사고가 발동한다. 전혀 알지 못하는 5명과 1명은 양쪽 모두 감정을 변화시키는 요소가 없으므로 비교적 냉정하게 사고할 수 있는 상태이다.

광석차 문제의 다수파와 소수파

 소수파

전환기를 조작하지 않는다

운명대로 5명이
희생된다

 다수파

전환기를 조작한다

1명이 희생되고
5명이 목숨을 구한다

더 많은 사람을
구하고 싶어

이런 선택을 한 사람은 1명의 목숨보다 5명의 목숨의 무게가 더 무겁다고 생각해서 선로 전환기를 조작하자고 판단하는 것이다.

한편 "전환기를 조작하지 않고 5명을 희생시킨다"라고 대답한 소수파의 생각은 예를 들면 이렇다. 광석차는 5명이 있는 방향으로 달리고 있으므로 5명은 원래 목숨을 잃을 운명이다. 한편 다른 1명은 진행 방향과는 상관이 없는 위치에 있다. 따라서 이 사람을 사고에 휘말리게 만드는 것은 잘못된 행동이라는 생각이다. 즉, 타인의 운명을 자신이 조작하는 데에 거부감을 느끼는 것이다.

그밖에 전환기를 조작함으로써 자신이 사건의 방관자가 아닌

광석차는 원래 이쪽을 향해 달리고 있었으므로 죽을 운명이었어

전환기를 조작하면 죽지 않았을 사람을 죽이게 돼

관계자가 된다는 것, 어쩔 수 없는 선택이었다고 사람들이 이해해준다고 하더라도 한 사람의 무고한 목숨을 자신의 손으로 빼앗게 된다는 것에 강한 거부 반응을 보이는 사람도 있다.

이 문제에 어느 한쪽이 정답이고 다른 쪽은 틀렸다는 식의 명쾌한 답은 없다. 그런 문제를 여러분은 어떻게 생각하느냐를 알아보는 것이 이 폭주 광석차 사고실험의 목적이다. 여러분의 의견은 어느 쪽이었는가?

앞에서 이야기했듯이 이 광석차 문제는 조건에 따라서 다수파의 생각과 소수파의 생각이 달라진다. 배경 설정이 다른 문제들도 소개할 테니, 사고실험을 해보기 바란다.

폭주하는 광석차와 인부와 거구의 사내

어떤 선로 위를 가로지르는 육교를 지나가던 여러분은 엄청난 광경을 목격하고 말았다. 광석을 가득 실은 광석차가 육교 밑에 있는 선로 위를 무서운 속도로 폭주하고 있었던 것이다. 폭주하는 광석차의 진행 방향에는 5명의 인부들이 있었는데, 누구 한 사람 이 위험한 상황을 눈치채지 못하고 있었다. 이대로 내버려두면 5명 모두 죽고 말 것이다. 여러분은 그들을 구할 방법은 없을지 고심하며 주위를 둘러보았다.

그리고 육교 위에 자신 말고 또 한 사람이 있음을 깨달았다. 상당한 거구의 사내로, 게다가 언뜻 보기에도 무거워 보이는 배낭을 메고 있는 것이 아닌가? 이 남성을 선로에 떨어뜨린다면 광석차의 폭주를 멈출 수 있을 것이 분명했다. 다만 그럴 경우 사내는 확실히 목숨을 잃을 것이다.

거구의 사내는 인부 5명이 무슨 작업을 하고 있는지 궁금한 듯 몸을 난간 밖으로 잔뜩 내밀고 정신없이 바라보고 있었다. 아무래도 이 남성 역시 폭주하는 광석차의 존재를 깨닫지 못한 듯했다.

지금이라면 확실히 거구의 사내를 밀어서 선로에 떨어뜨릴 수 있다고 가정하자.

여러분은 거구의 사내를 밀어서 떨어뜨리겠는가? 아니면 인부 5명이 죽도록 내버려두겠는가?

또한 여러분 자신이 뛰어들어서는 광석차를 멈출 수 없으며, 그 결과 여러분을 포함해서 희생자가 6명으로 늘어날 뿐이라고 가정한다.

실제로는 거구에 무거운 배낭을 메고 있는 사내를 밀어서 떨어뜨린다고 해도 광석차를 멈출 수 있다는 보장은 없을 것이다. 게다가 여러분이 몸집이 작은 여성이라면 거구의 사내를 밀어서 떨어뜨릴 수도 없으며, 실랑이를 벌이다가 오히려 여러분 자신이 떨어질 수도 있을 것이다.

그러나 이번 사고실험에서는 이 거구의 사내를 밀어서 떨어뜨린다면 확실히 광석차를 멈출 수 있으며, 여러분이 밀기만 하면 사내를 확실히 떨어뜨릴 수 있다고 가정한다. 또한 여러분이 사내를 밀어서 떨어뜨리더라도 법적으로는 처벌받지 않는다고 가정한다.

자, 여러분의 생각은 정리되었는가?

생각을 정리한 사람은 다음에 관해서도 생각해보기 바란다. 여러분의 의견은 첫 번째 문제와 같은가, 아니면 달라졌는가? 달라졌다면 왜 그런 변화가 일어났는가?

앞에서 배경 설정을 바꾸면 다수파의 의견이 달라진다고 언급했는데, 바로 이것이 그 사고실험이다. 이 설정으로 사고실험을 하면, 다수파의 의견이 바뀐다.

선로 전환기를 조작하는 앞의 문제와 달리 75−90퍼센트가 그대로 방관하기로 함으로써 5명을 희생시키는 쪽을 선택한다. 특히 여성이나 의료 관계자 등은 그렇지 않은 사람에 비해서 거구의 사내를 밀어서 떨어뜨린다는 선택을 할 확률이 조금 더 낮다는 통계 결과도 나와 있지만, 그다지 큰 차이는 아니라고 한다. 요컨대 어떤 직종이든 간에 사람의 뇌는 거구의 사내를 밀어서 선로로 떨어뜨린다는 선택에 대해서 압도적으로 거부감을 느끼는 것이다.

희생되는 사람의 수는 첫 번째 사고실험과 다르지 않으며, 폭주하는 광석차와 인부에 관한 문제인 것도 똑같다. 여러분이 1명과 5명 중 한쪽을 선택할 수 있는 상황인 것도 같다. 그럼에도

광석차와 거구의 사내 문제의 다수파와 소수파

소수파	다수파
거구의 사내를 떨어뜨린다	거구의 사내를 떨어뜨리지 않는다

1명의 희생으로 5명이 목숨을 구한다	운명대로 5명이 희생된다

왜 다수파의 의견이 달라진 것일까? 왜 이런 변화가 일어나는지 여러분도 생각해보기 바란다.

이 설정에서는 사내 1명을 밀어서 육교 아래 선로로 떨어뜨린 다는 행위를 직접적으로 해야만 하기 때문에 앞에서 소개한 "폭주 광석차와 인부"보다도 더 적극적으로 살인에 관여하게 되며, 사람들은 여기에 강한 거부감을 느낀다.

만약 이것이 거구의 사내가 몸을 난간 밖으로 지나치게 내밀었다가 실수로 떨어지는 상황이라면 거구의 사내가 희생되는 편이 낫다고 생각하는 사람이 다수파일 것이다. 여러분이 밀어서 떨어뜨리느냐, 사내 스스로 실수로 떨어지느냐의 차이가 바라는 결과를 바꾸는 것이다.

이 차이를 만드는 것은 의도적으로 행동했느냐, 그렇지 않았느냐이다. 실수로 떨어진 것이라면, 거구의 사내는 우연히 불행에 휘말렸을 뿐이고 그 결과 우연하게도 인부 5명이 목숨을 구한 셈이 된다.

한편 여러분이 거구의 사내를 밀어서 떨어뜨린다는 생각을 떠올렸을 때, 여러분이 그린 시나리오는 거구의 사내가 선로 위에 떨어져 광석차와 충돌함으로써 목숨을 잃고 그 결과 5명이 목숨을 구하는 것이다. 즉, 거구의 사내의 죽음을 목적으로 행동하는 셈이다. 물론 인부 5명의 목숨을 구하는 것이 이런 행동을 한 목적이라고 생각하고 싶겠지만, 이를 위해서는 거구의 사내를 선로 위에 떨어뜨려서 광석차와 부딪히게 해야 한다. 거구의 사내를 선로 위로 떨어뜨리는 목적은 이 남성의 죽음을 대가로 광석차를 멈춰서 인부 5명의 목숨을 구하는 것이다.

또한 사람은 육체적으로 다른 사람과 접촉하는 강한 행동을 꺼리는 경향이 있다. 따라서 남성을 자신의 손으로 밀어서 떨어뜨려야 한다는 사실은 견디기 힘든 측면이 있다.

이를테면 설정을 이런 식으로 조금만 바꿔보자. 여러분은 배낭을 멘 거구의 사내가 서 있는 육교에서 조금 떨어진 곳에 있다. 여러분의 눈앞에는 어떤 공사에 사용하기 위한 것으로 보이는 버튼이 있는데, 이 버튼을 누르면 육교가 둘로 갈라져서 뚱뚱한 사내가 육교 아래의 선로로 떨어진다.

거구의 사내를 떨어뜨린다

여기가 중요!

**거구의 사내를 광석차와
충돌시켜서 광석차를 멈춘다**

결과적으로 5명의
목숨을 구한다

이런 설정이라면 그 사내와 직접적인 육체적 접촉은 하지 않아도 된다. 어떤가? 최초의 설정보다는 거구의 사내를 떨어뜨린다는 생각을 하기가 쉬워지지 않았는가?

그러면 설정을 조금 더 변경해보자. 여러분이 바닥에 설치된 이 버튼의 존재를 전혀 모르고 걷다가 우연히 버튼을 밟았다면? 우연히 밟았을 뿐이므로 의도적으로 거구의 사내를 선로로 떨어뜨린 것은 아니게 된다.

또다른 배경 설정도 생각해보자. 여러분은 여러분과 버튼을 연결한 선의 연장선상에 서 있는 친구를 발견하고 손짓을 해서 불렀다. 친구는 여러분을 향해 달려오다가 우연히 버튼을 밟았고, 그 결과 거구의 사내가 선로 위로 떨어졌다. 이 설정의 경우 여러분의 관여 방식은 지금까지의 설정보다는 상당히 소극적인 것이 된다.

설정된 조건이 어떻게 달라지든 간에 여러분이 한 행동으로 한 사람이 희생됨으로써 선로에 있었던 인부 5명이 목숨을 구한다는 결과에는 차이가 없다. 그럼에도 관여 방식에 따라서 여러분의 생각이 달라지지는 않았는가?

바라는 결과가 더 많은 사람의 목숨을 구하는 것이라고 해도 자신이 직접적으로 관여해야 하는 상황이 되면 사람들은 좀더 주관적으로 사물을 판단한다. 5명의 목숨을 구하느냐, 1명의 목숨을 구하느냐 하는 문제뿐만 아니라 여러분이 그 상황을 어떻게 생각하느냐라는 주관성이 판단에서 중요한 위치를 차지하게 되는 것이다.

　다음에는 또다른 설정의 광석차 문제를 소개하겠다.

폭주하는 광석차와 둘로 갈라졌다가
다시 합류하는 선로

선로 전환기 옆에 있는 여러분은 엄청난 광경을 목격하게 되었다. 광석을 가득 실은 광석차가 맹렬한 속도로 폭주하고 있었던 것이다. 브레이크가 고장 난 것이 분명하기 때문에 광석차를 멈추는 것은 도저히 불가능해 보였다.

선로 저쪽에는 5명의 인부들이 일을 하고 있다. 5명 모두 광석차가 다가오고 것을 전혀 눈치채지 못하고 있다. 이대로 내버려두면 5명은 목숨을 잃게 될 것이다.

다행히 여러분은 선로 전환기 옆에 있다. 스위치를 조작해서 선로를 전환하면 광석차의 진행 방향을 바꿀 수 있다. 선로는 37쪽의 그림처럼 되어 있어서, 일단 둘로 갈라졌다가 곧 다시 합류한다. 아마도 열차를 잠시 정차시킬 때에 사용하는 장소일 것이다. 그리고 갈라진 선로에서도 거구의 인부 1명이 작업을 하고 있었다. 여러분이 전환기를 조작해서 광석차의 진행 방향을 바꾸면 그 인부는 광석차를 피하지 못하고 목숨을 잃겠지만, 그 결과 광석차가 멈춰서 인부 5명은 목숨을 구할 수 있다.

지금까지의 문제와 마찬가지로 여러분이 할 수 있는 일은 전환기를 조작하는 것뿐이며, 팔을 크게 흔들거나 고함을 지른다고 해도 인부들에게 아무런 메시지도 전달할 수 없다.

여러분은 전환기를 조작하겠는가?

이 문제는 언뜻 생각하면 맨 처음에 소개한 "폭주하는 광석차와 인부" 문제와 비슷해 보인다. 선로 전환기를 조작하느냐, 하지 않느냐에 따라서 1명 또는 5명의 목숨을 살릴 수 있으며, 결정은 여러분이 내린다. 사람들의 선택도 퍼센트가 줄기는 하지만 첫 번째 문제와 마찬가지로 5명을 구한다는 의견이 다수파를 차지한다고 한다.

그렇다면 어떤 부분이 다를까?

"폭주하는 광석차와 인부"의 경우나 "폭주하는 광석차와 둘로 갈라졌다가 다시 합류하는 선로"의 경우나 선로 전환기를 조작하면 인부 1명은 확실히 사망한다. 다만 처음 문제와 다른 점은 이번 문제의 경우 선로가 갈라졌다가 다시 합쳐지는 까닭에 여러분이 선로 전환기를 조작하면, 거구의 인부가 반드시 광석차와 충돌해야 한다는 것이다. 요컨대 거구의 인부가 광석차를 멈추게 하는 수단이 되며, 만약 거구의 인부가 간발의 차이로 광석차를 피한다면, 여러분이 바라는 것과는 다른 결과가 나오게 된다.

이번 문제는 거구의 인부의 죽음이 필요하다는 점에서 "폭주하는 광석차와 인부"보다 "폭주하는 광석차와 인부와 거구의

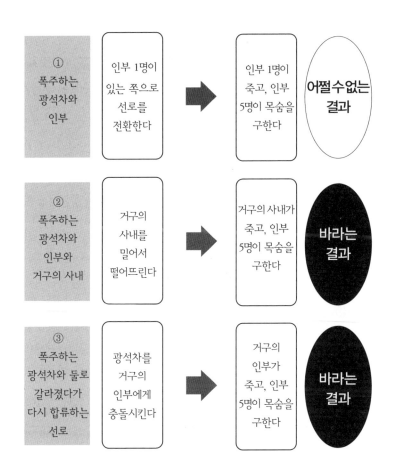

"폭주하는 광석차와 둘로 갈라졌다가 다시 합류하는 선로" 문제는
"폭주하는 광석차와 인부와 거구의 사내" 문제와 유사하다

사내"에 가깝다고 할 수 있다. 그럼에도 다수파의 의견이 다른 원인들 중 하나는 앞에서도 이야기했듯이 "폭주하는 광석차와 인부와 거구의 사내"의 경우 직접 사내의 등을 떠밀어야 한다는 데에 대한 거부감이 강하기 때문인지도 모른다.

광석차를 이용한 사고실험은 매우 유명하며 설정을 바꾸기 용이한 까닭에 그밖에도 다수의 유사 실험이 존재한다. 그중 몇 가지를 소개하면 다음과 같다.

【 사고실험의 예 】
※ 어떤 사례든지 간에 아무 행동도 하지 않을 경우 희생되는 쪽
　은 5명이다.

① "폭주하는 광석차와 둘로 갈라졌다가 다시 합류하는 선
　로"에서 거구의 인부 뒤에 광석차를 멈출 수 있을 만큼 튼
　튼한 칸막이가 있다면? 그렇다면 거구의 인부의 죽음을
　의식할 필요가 없어질 것이다.

② 인부 5명과 1명이 작업하는 장소가 하나의 거대한 회전
　반이어서 회전반을 돌림으로써 5명과 1명 중 어느 쪽을 광
　석차에 치이게 할지 선택할 수 있다면?

③ 5명이 선로 위에 있는 탈것을 타고 있다. 그 탈것은 폭주

하는 광석차와 충돌하면 파괴되며, 5명은 목숨을 잃고 만다. 스위치를 누르면 그 탈것을 경사면 밑으로 떨어뜨려서 광석차와 충돌하지 않게 할 수 있지만, 경사면 밑에는 여러분이 전혀 알지 못하는 사람이 1명 있다. 이 경우 여러분은 스위치를 누르겠는가?

이와 같이 다양한 설정으로 광석차에 대한 사고실험들이 실시되고 있다. 상상하기 쉽고 알기 쉬운 소재이면서 설정을 조금만 바꿔도 생각에 변화가 나타난다. 다양한 관점에서 문제를 바라보고 자기 나름의 답을 모색해볼 수도 있다. 이런 점들이 많은 사람이 광석차 문제에 흥미를 느끼는 이유일 것이다.

5명을 구하기 위해서 1명을 희생시킨다는 문제는 광석차 문제 이외에도 다양한 파생 형태가 있다. 다음 페이지에서는 그중 하나를 소개하겠다. 5명을 구하기 위해서 1명을 희생시키는 상황은 변함이 없지만, 무대가 선로에서 병원으로 이동한다.

장기 기증자 뽑기

　여러분은 어떤 병원의 의사이다. 이 병원에는 장기 이식을 기다리는 환자 5명이 있다. 이들은 각각 다른 장기의 기증자를 기다리고 있으며, 장기를 제공받지 못하면 조만간 사망할 것이다.

　그런데 건강해 보이는 남성이 건강 검진을 받으러 병원을 찾아왔다. 의사인 여러분은 아무도 눈치채지 못하게 이 남성을 안락사시키고 그의 장기를 환자 5명에게 제공할 수 있다. 남성이 낌새를 알아챌 수 있는 행동은 일체 하지 않는다.

　만약 건강해 보이는 한 사람을 희생시켜서 장기 기증을 기다리는 5명을 살리는 선택을 한다면, 과연 이 행동은 용서받을 수 있을까?

아마도 대부분의 사람들이 그런 행동은 용서받을 수 없다고 대답할 것이다. 병원에 건강 검진을 받으러 왔다가 목숨을 잃는 일은 절대 있어서는 안 된다고 생각할 것이다. 그런데 사실 이 상황은 한 사람을 희생시켜서 5명을 구한다는 점에서 "폭주하는 광석차와 인부"의 상황과 별다른 차이가 없다고도 볼 수 있다. 그럼에도 왜 사람들의 생각이 달라지는 것일까?

다음 페이지의 문제도 생각해보기 바란다.

"1명을 희생시켜서 5명을 구한다"라는 점은 같다

장기 기증자 뽑기	폭주하는 광석차와 인부
건강한 한 사람을 예고 없이 안락사시킨다	전환기를 조작해서 1명을 희생시킨다
⬇	⬇
장기 기증을 기다리는 5명에게 이식한다	목숨을 잃었을 5명을 살린다

광석차 문제와 마찬가지로 1명을 희생시켜서 5명을 구했는데……
이 반발하는 심리는 무엇일까?

지극히 공평한 장기 기증자 뽑기

　장기 기증자를 제비뽑기로 결정하기로 하자. 제비뽑기에서 뽑힌 사람의 장기를 그 장기를 필요로 하는 환자에게 이식해서 생명을 구하는 것이다. 제비뽑기로 뽑힌 1명의 장기가 5명의 환자에게 제공된다.

　제비뽑기는 지극히 공평하게 실시된다. 대통령이 뽑힐 수도 있고, 평범한 회사원이 뽑힐 수도 있으며, 장기 이식 수술을 집도할 의사가 뽑힐 수도 있고, 당장이라도 자살하려는 사람이 뽑힐 수도 있다. 범죄자가 뽑힐지도 모른다. 어디까지나 철저히 공평하게 실시된다. 이것이야말로 공리주의(功利主義, utilitarianism)의 사고방식인 "최대 다수의 최대 행복"이다.

　이런 장기 기증자 뽑기를 세계적으로 실시하면, 많은 사람들이 목숨을 구할 수 있을 것이다.

　과연 이 생각은 용납될 수 있을까?

이 경우에도 용납될 수 없는 생각이라고 느끼는 사람이 압도
적일 것이다.

공리주의의 원리를 제창한 영국의 철학자 제러미 벤담(Jeremy
Bentham, 1748-1832)은 올바른 행동 또는 정책이란 곧 "최대 다
수의 최대 행복"을 가져다주는 것이라고 말했다.

또한 벤담은 행복의 정도를 물리학이나 수학처럼 계산을 통
해서 이끌어내려고 했다. 무엇인가가 올바른지 그른지를 판단
할 때, 그것이 얼마나 쾌락을 가져다주는가, 고통은 어느 정도인

이것도 "1명을 희생시켜서 5명을 구한다"라는 점은 같다

제비뽑기로 뽑힌 1명을
안락사시킨다

장기 기증을 기다리는
5명에게 이식한다

제비뽑기는 공평한 방식이지만, 과연 옳은 방법인가?

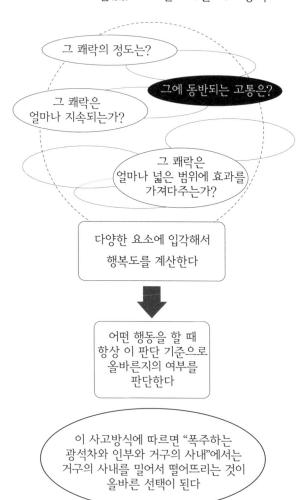

최대 다수의 최대 행복

공리주의 = 더 많은 사람에게 더 많은 행복
(최대 다수의 최대 행복)을 주는 결과를
선(善)으로 간주하는 사고방식

그 쾌락의 정도는?

그에 동반되는 고통은?

그 쾌락은
얼마나 지속되는가?

그 쾌락은
얼마나 넓은 범위에 효과를
가져다주는가?

다양한 요소에 입각해서
행복도를 계산한다

어떤 행동을 할 때
항상 이 판단 기준으로
올바른지의 여부를
판단한다

이 사고방식에 따르면 "폭주하는
광석차와 인부와 거구의 사내"에서는
거구의 사내를 밀어서 떨어뜨리는 것이
올바른 선택이 된다

가, 그 영향은 어느 정도의 범위까지 미치는가, 어느 정도의 기간 동안 지속되는가 등 행복을 재는 척도를 정하고 그것을 수치화해서 계산하는 방식이다. 이 계산에 따르면 "폭주하는 광석차와 인부와 거구의 사내" 문제는 1명과 5명의 비교이므로 거구의 사내를 밀어서 떨어뜨리는 것이 올바른 판단이라고 할 수 있다.

장기 기증자 뽑기는 영국의 윤리학자인 존 해리스(John Harris, 1945-)가 제시한 설정이다. 사람들에게 "제비뽑기는 무엇인가를 선택할 때 공평한 방식일까요?"라고 묻는다면 대부분이 그렇다고 대답할 것이다. 그 공평함 때문에 제비뽑기는 무엇인가를 결정할 때, 이를테면 경품의 당첨자를 선정할 때라든가 지역 또는 학급의 모두가 기피하는 역할을 맡길 때 등 다양한 상황에서 애용되어왔다.

따라서 제비뽑기의 공평함을 의심할 필요는 없을 것이다. 그렇다면 장기 기증자 뽑기는 더 많은 사람에게 행복을 주는 지극히 공평한 방법으로서 일정 수준의 동의를 얻을 수 있으리라는 생각도 들 것이다.

그러나 대다수의 사람은 이 제도에 반발한다. 분명히 더 많은 사람의 목숨을 구할 수 있을지도 모르지만, 이 제도가 시행된다면 사람들은 자신 또는 소중한 사람이 장기 기증자로 뽑힐지도 모른다는 공포 속에서 평생을 살아가게 된다. 과연 이것을 행복이라고 말할 수 있을까?

공리주의적으로 생각해보더라도 장기 기증자 뽑기가 가져다

어느 날 갑자기 목숨을 잃을지도 모른다는 공포를
더 무겁게 생각해야 한다

주는 공포심을 계산에 넣는다면 이것을 올바르다고 판단하기는
어려울 것이다.

또한 장기 기증을 기다리는 환자의 죽음은 누군가가 바란 결
과가 아니며, 그 사람을 구하지 못했다고 하더라도 불행한 일이
기는 하지만 누군가의 탓은 아닐 것이다. 지금도 장기 기증을 기
다리다가 목숨을 잃는 사람들은 많지만, 의료 사고를 논외로 치
면 그 죽음이 의사의 탓이라거나 장기를 기증하지 않은 세상 사
람들이 나쁘다는 목소리는 들리지 않는다. 이것은 누군가가 의
도적으로 그들을 죽인 것이 아니기 때문이다. 그러나 장기 기증

자 뽑기는 뽑힌 사람을 죽이고 그 사람의 건강한 장기로 다른 5명을 구하는 것이다. 희생당하는 사람의 입장에서는 5명 때문에 의도적으로 죽임을 당하는 셈이다.

장기 기증을 기다리는 사람의 죽음을 기다릴 것인가, 아니면 다른 한 사람을 죽일 것인가? 둘 중 하나를 선택해야 한다면 전자를 선택하는 편이 윤리적이라고 생각하는 사람이 많지 않을까?

6명의 환자와 약

증상이 심각한 환자 1명과 증상이 중간 정도인 환자 5명이 있다. 여기에 그 병의 특효약이 있는데, 공교롭게도 1명에게 투여할 양밖에 준비되어 있지 않다.

지금 준비되어 있는 한 사람분의 약을 다섯으로 나누면 증상이 중간 정도인 환자 5명을 전원 완치시킬 수 있다. 증상이 심각한 환자의 경우, 한 사람분의 약을 전부 사용하면 완치시킬 수 있다.

증상이 중간 정도인 환자 5명은 당장 목숨이 위독한 수준은 아니지만, 증상이 심각한 환자 1명은 한시라도 빨리 치료를 받아야 한다.

여러분은 증상이 심각한 환자 1명과 증상이 중간 정도인 환자 5명 중 어느 쪽을 구하겠는가?

이 문제를 내면 많은 사람들이 이렇게 생각한다.

"환자 5명은 아직 증상이 심각한 수준은 아니야. 그렇다면 지금 있는 약으로 먼저 증상이 심각한 1명을 구하더라도 5명을 구하기 위해 다시 약을 입수할 때까지 시간적인 여유가 있어. 하지만 이 약을 5명에게 나눠주면 한 사람이 생명을 잃는 모습을 그냥 지켜봐야 하잖아? 약을 다시 입수할 수 있을지 등을 고려해

아직 증상이 심각하지 않은 5명과 심각한 1명이 있다면…

더는 못 버티겠어……

대부분은 증상이 심각한 1명을 구함으로써
장기적으로 모두를 구하려고 한다

보기는 해야겠지만, 이 약은 증상이 심각한 환자에게 줘야 해. 그러면 모두를 살릴 수 있어."

그 자리에 있는 병원의 스태프나 각 환자의 가족을 설득할 것까지 생각하면 아마도 이 설명, 이 선택지가 선택될 것이다. 그 자리에 있는 모두가 지금 당장 잃을지도 모르는 생명을 먼저 구해야 한다고 생각하는 것이 일반적이다.

다만 실제로는 그 약이 충분히 입수할 수 있는 것인지, 약을 입수할 전망은 있는지, 약을 입수할 때까지 환자 5명이 살아 있을 수는 있는지, 그것이 정말로 올바른 선택인지 등 판단을 내려야 하는 어려운 문제들은 얼마든지 있을 것이다.

그렇다면 다음에는 설정을 조금 바꿔보겠다.

효과가 없는 약

어느 병원에 환자 6명이 있다. 같은 회사에 다니는 사람들로, 1명은 프로젝트 팀을 이끄는 팀장이고 나머지 5명은 그 프로젝트 팀의 사원들이다. 그들은 업무를 위해서 해외에 나갔다가 그 지방의 무서운 풍토병에 걸렸다. 증세는 6명 모두 동일한 수준이며, 약을 투여하지 않으면 조만간 목숨을 잃을 것이다.

그런데 프로젝트를 이끌던 팀장이 병에 걸렸다는 소식을 들은 회사에서 약을 보내왔다. 회사는 다른 사원들도 병에 걸렸다는 사실까지는 알지 못했지만 넉넉하게 보내는 것이 좋겠다고 판단하여 5명이 투여받을 수 있는 양의 약을 보냈다.

프로젝트 팀장 앞으로 온 약이므로 의사는 즉시 팀장에게 약을 투여하려고 했다. 그런데 사전 검사를 통해서 팀장이 이 약이 잘 듣지 않는 체질임을 알게 되었다. 팀장을 구하려면 5명분의 약을 전부 투여해야 한다.

한편 다른 5명은 일반적인 체질이어서 1명분의 양으로 충분한 효과를 기대할 수 있다. 요컨대 5명분의 약으로 이 5명의 목숨을 모두 구할 수 있다.

그러나 회사에서 추가로 5명분의 약을 더 보내기에는 시간적으로 여유가 없다. 따라서 프로젝트 팀장 1명의 생명을 살릴지, 아니면 프로젝트에 참여한 사원 5명의 생명을 살릴지를 선택해야 한다.

여러분은 어느 쪽을 살리겠는가?

이 문제의 경우, 많은 사람들이 1명보다 5명을 구하는 쪽을 선택하는 듯하다. 약이 잘 듣지 않는 1명이 죽는 것은 어쩔 수 없는 일이라고 생각한다.

형태는 달라졌지만 이 문제는 1명의 생명과 5명의 생명을 비교하는 문제이며, 수를 비교하는 문제로서 처리하기가 용이한 사

약이 잘 듣지 않는 1명과 다른 5명 중 한쪽만 구할 수 있다

증상의 정도가 같다면 사람들은 더 많은 수를 구할 수 있는 쪽을
선택하는 경향이 있다

고실험이다. 광석차 문제의 "폭주하는 광석차와 인부"와 비슷하지만 다른 점이 있다. 광석차 문제는 1명과 5명 중 어느 쪽을 희생시킬지를 선택하는 데에 비해서 이 약 문제는 1명과 5명 중 어느 쪽을 살릴지를 선택한다는 점이다.

● 적극적 의무와 소극적 의무

그렇다면 1명과 5명 중 어느 쪽을 희생시키느냐는 문제와 1명과 5명 중 어느 쪽을 구하느냐는 문제의 차이점에 관해서 생각해보자.

광석차 문제를 제시한 필리파 풋은 소극적 의무와 적극적 의무에 관해서 논했다. 소극적 의무는 타인에게 위해를 가하지 않을 의무이며, 적극적 의무는 타인을 구할 의무이다. 요컨대 광석차 문제는 소극적 의무에 관한 문제이며, "6명의 환자와 약" 그리고 "효과가 없는 약"은 적극적 의무에 관한 문제라고 할 수 있다.

예를 들면 한 아이가 넘어지는 바람에 무릎이 까져서 울고 있는데 여러분이 그 아이에게 손을 내밀지 않고 지나갔다고 해서 여러분을 탓하는 사람은 없을 것이다. 그러나 여러분이 콘크리트 파편으로 그 아이의 무릎에 상처를 입혔다면, 이 일은 사건이 되며 여러분은 비난을 받게 된다. 물론 여러분은 자신이 그런 행동을 할 리가 없다고 생각할 터인데, 여기에서도 알 수 있듯이 타인에게 위해를 가하지 않을 의무인 소극적 의무가 더 강한 의무이다.

적극적 의무와 소극적 의무

적극적 의무

= 도움이 필요한 사람을
도울 의무

→ 1명과 5명 중 어느
쪽을 구할 것인가?

예) 효과가 없는 약

소극적 의무

= 타인에게 위해나
제약을 가하지 않을 의무

→ 1명과 5명 중 어느
쪽을 희생시킬 것인가?

예) 폭주하는 광석차와 인부

소극적 의무가 더 강한 의무

그런데 소극적 의무에 관한 문제인 "폭주하는 광석차와 인부"
든 적극적 의무에 관한 문제인 "효과가 없는 약"이든 다수파의
의견은 1명을 희생시켜서 5명을 구하는 쪽이었다. 요컨대 많은
사람이 소극적 의무에 대해서나 적극적 의무에 대해서나 같은 결
론을 내린 것이다. 그렇다면 어떤 문제를 생각할 때, 적극적 의무
와 소극적 의무의 차이가 발생할까?

다음 페이지에서는 적극적 의무와 소극적 의무의 차이를 체감
할 수 있는 사고실험을 소개하겠다. 이것도 필리파 풋이 제시한
문제로, 이 문제를 푸는 열쇠는 적극적 의무와 소극적 의무의 차
이에 있다.

마을의 지명수배자

어느 마을에서 큰 사건이 일어났다. 몹시 흥분한 마을 사람들은 저마다 무기가 될 만한 것을 들고서 살기등등하게 범인을 찾아다녔다. 범인으로 지목된 사람은 외부인인데, 마을 사람들은 어떻게 해서든 그 외부인을 찾아내서 당장이라도 숨통을 끊어버릴 기세였다.

이 마을 사람들도 평소에는 다른 사람을 존중하는 평범한 사람들이다.

여러분은 범인으로 지목된 사내를 숨겨주고 있다. 그는 사실 죄를 저지르지 않았으며, 여러분은 그 사실을 잘 알고 있다. 그러나 이성을 잃고 폭도로 변한 마을 사람들은 분노를 억누르지 못하고 이 집 저 집으로 몰려다니면서 범인 찾기에 혈안이 되어 있었다. 범인을 찾아내기 전까지는 행동을 멈출 것 같지 않았다.

마을 사람들을 진정시킬 수 있는 유일한 방법은 여러분이 그 무고한 외부인을 그들에게 넘기는 것뿐이다. 그래서 그 외부인이 살해당하면 사태는 종결된다. 그러나 이대로 가만히 있으면 폭도로 변한 마을 사람들의 광포한 행동이 계속될 것이며, 이 경우

혼란의 와중에 폭도가 된 마을 사람들 가운데 5명이 희생될 것임을 여러분은 알고 있다.

여러분은 무고한 외부인을 마을 사람들에게 넘기겠는가, 아니면 폭도로 변한 마을 사람들 중에서 5명이 목숨을 잃는 것을 잠자코 지켜보겠는가?

생각을 돕기 위한 힌트

실제로는 폭도로 변한 마을 사람들 중 5명이 희생되리라는 것을 사전에 알 수 있을 리가 없지만, 이렇게 보통은 일어날 법하지 않은 설정으로 이야기를 진행할 수 있다는 것도 사고실험의 특징이다. 따라서 "5명이 희생될 것임을 사전에 알 수 있을 리가 없으니 희생자가 생길지 어떨지는 단순한 예상에 불과하잖아……"라고 생각해서는 안 된다. 이 문제의 배경 설정에 의문을 제기하지 말고 사고실험을 진행하도록 하자.

단순히 숫자로만 비교한다면, 1명을 희생시키는 쪽을 선택할 것이다. 그러나 이 문제에서는 많은 사람들이 폭도로 변한 마을 사람들 중에서 5명이 희생되는 쪽을 선택한다. 무고한 외부인보다는 진실을 잘못 알고 이성을 잃은 마을 사람들에게 잘못이 있다는 생각이 일반적일 것이다. 뿐만 아니라 진실을 알면서도 아무런 죄가 없는 사람을 넘기는 행위에 강한 죄책감을 느끼게 될 것이다.

무고한 외부인을 폭도가 된 마을 사람들에게 넘기는 것은 타인에게 위해를 가하지 않는다는 "소극적 의무"에 반하는 행동이다. 폭도가 된 마을 사람들 중에서 5명이 혼란의 와중에 희생되는 모습을 지켜보는 것은 타인을 돕는다는 "적극적 의무"에 반하는 행동이다. 그런데 앞에서도 말했듯이 적극적 의무보다 소극적 의무가 더 강한 의무이므로, 1명을 지키는 쪽을 선택하는 것이 다수 의견이 되는 것이다.

필리파 풋도 이 문제에서는 폭도로 변한 마을 사람들에게 무고한 외부인을 넘기지 말아야 한다고 말했다.

● 두 가지의 의무가 충돌할 때

"폭주하는 광석차와 인부"에서는 1명을 희생시켜서는 안 된다는 소극적 의무와 5명을 희생시켜서는 안 된다는 소극적 의무가 충돌한다. 같은 조건에서 같은 의무가 충돌하기 때문에 사람들은 희생을 줄이기 위해서 피해의 양을 비교하여 피해가 더 적은 쪽을 선택하려고 하며, 그 결과 많은 사람들이 1명을 희생시켜서 5명을 구하는 쪽을 선택한다.

"효과가 없는 약"에서는 1명을 구해야 한다는 적극적 의무와 5명을 구해야 한다는 적극적 의무가 충돌한다. 같은 의무가 충돌하기 때문에 "폭주하는 광석차와 인부" 문제와 마찬가지로 희생을 더욱 줄이는 쪽을 선택하기가 쉽다.

한편 "마을의 지명수배자"에서는 1명을 희생시켜서는 안 된다는 소극적 의무와 5명을 구해야 한다는 적극적 의무가 충돌하는 까닭에 앞의 두 문제만큼 간단하게 생각할 수가 없다.

이와 마찬가지로 "폭주하는 광석차와 인부와 거구의 사내"도 두 가지의 의무가 충돌한다. 배낭을 멘 거구의 사내를 밀어서 육

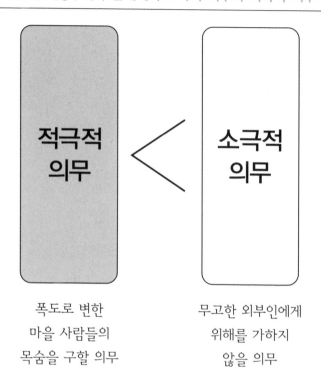

마을의 지명수배자 문제에서 소극적 의무와 적극적 의무

적극적
의무

소극적
의무

폭도로 변한
마을 사람들의
목숨을 구할 의무

무고한 외부인에게
위해를 가하지
않을 의무

교 밑으로 떨어뜨려서는 안 된다는 소극적 의무와 5명의 목숨을 구해야 한다는 적극적 의무가 충돌한다. 그런데 소극적 의무가 더 강한 의무이므로 많은 사람들이 배낭을 멘 거구의 사내를 밀어서 떨어뜨리는 행위에 거부감을 나타내는 것이다.

그만큼 소극적 의무가 우리의 심리에 깊게 뿌리내리고 있다고 할 수 있다.

제2장

모순이 얽혀 있는 패러독스

기묘한 역설을 통해서 사고력을 단련한다

　이 장에서는 패러독스(역설)나 딜레마 같은 골치 아픈 모순에 관해서 생각해보도록 하자. 패러독스란 옳다고 생각되는 추론을 거듭한 결과, 믿기 어려운 결론이 나오는 등의 모순을 가져오는 명제를 말한다. 또한 딜레마는 이럴 수도 없고 저럴 수도 없는 난처한 상황이다. 우리의 일상 속에서도 그토록 먹고 싶었던 케이크를 선물 받았는데 하필 다이어트 중이라든가, 아이를 키우려면 일을 하러 나가야 하는데 아이를 돌봐줄 사람이 없어서 일을 하러 나가면 육아를 포기해야 하는 상황 등 수많은 딜레마가 존재한다.

　이렇게 설명해도 잘 이해가 되지 않을지도 모르니, 실제 사례를 살펴보도록 하자.

　나무토막 100개가 산더미처럼 쌓여 있다. 여기에서 나무토막 1개를 빼낸다고 가정하자. 물론 나무토막은 여전히 산더미처럼 쌓여 있다. 다시 1개를 빼낸다. 조금 더 줄어들기는 했지만, 그래도 나무토막은 여전히 산더미처럼 쌓여 있다. 요컨대 나무토막

더미에서 나무토막을 하나 빼내도 그곳에는 여전히 나무토막 더미가 남아 있음을 알 수 있다.

이런 식으로 나무토막을 계속 하나씩 빼냈고, 결국 마지막 1개가 남았다. 자, 이제 이것을 나무토막 더미라고 부를 수 있을까?

다른 예도 살펴보자.

여기에 모든 능력을 갖춘 전지전능한 능력자가 있다. 그에게 말했다.

"무엇이든 할 수 있다면 당신도 쓰러뜨릴 수 없는 강한 괴물을 만들어보시오."

자, 생각해보자. 무엇이든 할 수 있는 능력자라면 자신도 쓰러뜨릴 수 없는 강한 괴물도 만들 수 있어야 한다. 그러나 자신도 쓰러뜨릴 수 없는 적이 있다면 그를 전능한 능력자라고 말할 수 없다. 과연 능력자는 그런 괴물을 만들 수 있을까?

깊게 생각할수록 머리가 아파오는 문제이지만, 왠지 재미있을 것 같다는 생각도 들지 않는가? 패러독스나 딜레마의 사고실험은 호기심을 이끌어내서 깊게 고민하고 사고하도록 만듦으로써 뇌를 자극한다.

테세우스의 배

아테네의 젊은이들을 태우고 귀환한 테세우스의 배를 아테네 사람들은 썩은 부분이 있으면 새로운 목재로 교체하면서 오랜 세월에 걸쳐 소중히 보관했다. 테세우스의 배를 만든 조선사의 기술을 계승하면서 당시의 기법, 당시의 설계도를 바탕으로 신중하게 수리했다.

그렇게 오랜 세월이 흐른 뒤, 이윽고 당시 테세우스의 배에 사용되었던 목재가 전부 교체되어 하나도 남지 않게 되었다.

그러자 어떤 사람이 말했다.

"이것은 이제 테세우스의 배가 아닙니다. 테세우스의 배에 사용되었던 목재가 배 어디에도 안 남아 있지 않습니까? 당시의 배를 테세우스의 배라고 부른다면, 그때 사용되었던 목재가 하나도 남아 있지 않은 이 배는 다른 배에 불과합니다."

그러자 다른 사람이 반론했다.

"아닙니다. 이것은 테세우스의 배입니다. 테세우스의 배가 테세우스의 배로서 보관되었고 그 목적으로 수리를 거듭해온 것이 아니었습니까? 수리된 테세우스의 배를 본 사람은 '이건 테세우

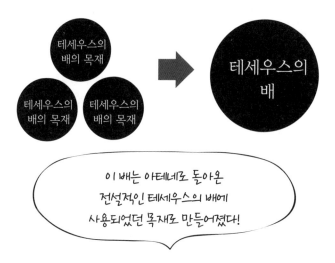

"복원된 테세우스의 배가 진짜"라는 생각

같은 목재를 사용 = 같은 테세우스의 배

테세우스의 배의 목재

테세우스의 배의 목재

테세우스의 배의 목재

테세우스의 배

이 배는 아테네로 돌아온 전설적인 테세우스의 배에 사용되었던 목재로 만들어졌다!

스의 배다'라고 말할 것입니다."

조선사들은 모든 목재를 교체했으니 교체된 썩은 목재를 사용해서 배 한 척을 건조할 수 있지 않을까 생각했고, 교체된 목재를 다시 조립해서 또다른 테세우스의 배를 만들었다. 당장이라도 부서질 것 같았지만 분명히 전설적인 테세우스의 배에 사용되었던 목재로 만든 배였다.

두 배를 본 지식인들은 어느 쪽이 테세우스의 배인지를 놓고 논쟁을 벌이기 시작했다.

한 사람이 말했다.

"이것이야말로 진짜 테세우스의 배입니다. 썩었다고는 하지만

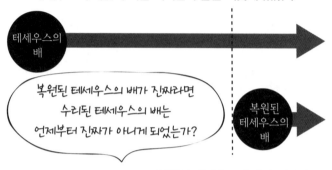

전설의 배에 사용되었던 목재로 만든 이 배가 테세우스의 배가 아니라면 무엇이 테세우스의 배겠습니까? 수리된 테세우스의 배는 복제품일 뿐입니다."

그러자 다른 사람이 반론했다.

"그동안 수리를 거듭해온 진짜 테세우스의 배가 있는데 어떻게 이것을 테세우스의 배라고 부를 수 있단 말입니까? 줄곧 이곳에 있으면서 수리를 거듭해온 테세우스의 배 옆에 오늘 갑자기 또다른 테세우스의 배가 생겨날 수는 없습니다. 만약 이것이 진짜 테세우스의 배라면 작년에도, 재작년에도 여기에 있었던 테세우스의 배는 가짜였단 말입니까? 수리되어온 테세우스의 배는 대체 언제부터 진짜가 아니게 된 것입니까?"

진짜 테세우스의 배는 어느 쪽일까?

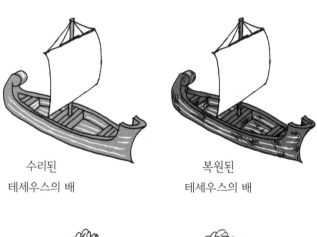

수리된
테세우스의 배

복원된
테세우스의 배

생각을 돕기 위한 힌트

이 사고실험은 로마 제국의 그리스 출신 윤리학자이자 작가인 플루타르코스(Plutarchos, 46?–120?)가 남긴 유명한 이야기를 바탕으로 한 것이다. 이 사고실험에서 문제가 되는 것은 무엇을 기준으로, 어느 배를 테세우스의 배와 같다고 볼 것이냐이다.

모든 부품과 목재가 새로운 것으로 교체되었어도 같은 배라고 부를 수 있을까? 애초에 무엇을 기준으로 같다 혹은 다르다고 생각해야 할까?

전설적인 테세우스의 배 / "같다"의 기준은 무엇인가?

수리된 테세우스의 배   복원된 테세우스의 배

어느 쪽이 "같은" 것일까?

예를 들면 누군가가 "당신이 손에 들고 있는 그 책과 같은 책은 어디에 있습니까?"라고 물어본다면, 여러분은 인터넷 서점이나 거리의 책방에서 같은 책을 판다고 대답할 것이다. 그러나 정말 그렇게 구한 책을 여러분이 손에 들고 있는 책과 같은 책이라고 할 수 있을까? 이 경우에는 인터넷 서점이나 거리의 책방에서 같은 제목의 책을 구입할 수 있다면 같은 책을 손에 넣었다고 생각해도 무방할 듯하다. 가령 복원된 테세우스의 배처럼 여러분이 가진 책에 사용된 종이를 똑같이 사용했어야 할 필요는 없을 것이다.

여러분이 어떤 책을 책방에 가져가서 "이 책과 같은 책을 주세요"라고 말했는데 책방 점원이 "그 책과 같은 책은 손님께서 들고 계신 그 책뿐입니다"라고 대답한다면 여러분은 이 점원이 지금 무슨 소리를 하는지 의아하게 생각할 것이다. 그런데 여러분이 가지고 있는 책이 유명 연예인의 저서이며 그 연예인이 여러분을 위해서 책에 사인을 해주었다고 가정하자. 점원에게 가서 그 사인을 보여주며 "이 책과 같은 책을 주세요"라고 말했다면, "그 책과 같은 책은 손님께서 들고 계신 그 책뿐입니다"라는 점원의 대답이 타당하게 느껴진다. 많은 사람들이 서점에 비치된 책과 여러분이 가지고 있는 책은 다르다고 판단할 것이다.

이렇듯 "같다"라는 말의 성질은 때와 장소에 따라서 변화한다.

그렇다면 테세우스의 배는 무엇을 기준으로 같다고 말해야 할까? 배로 대상을 좁혀서 "같다"를 생각해보도록 하자.

"같은 책"의 조건은 기준에 따라서 변한다

● **목적을 기준으로 보는 "같다"**

제목과 내용이 같으면 같은 책

● **상태를 기준으로 보는 "같다"**

신품과 마찬가지라면 같은 책

저자의 사인이 있는 책과 없는 책은 다르다

● **형상을 기준으로 보는 "같다"**

눈으로 비교해서 차이가 없으면 같은 책

● **소유를 기준으로 보는 "같다"**

내가 소유한 책과 타인이 소유한 책은 다르다

● **시간의 경과를 기준으로 보는 "같다"**

이 책은 10년 전부터 이곳에 있었으므로 분명히 10년 전과
같은 책이다

● **질(質)을 기준으로 보는 "같다"**

같은 책은 이 책 한 권밖에 없다

"같다"의 기준은 무엇인가?

매일 오전 10시에 A지점에서 B지점으로 향하는 배

A   정기선 ➡   B

➡ 선체가 달라도 "같은 배"로 간주된다

매일 오전 10시에 A지점에서 B지점으로 출항하는 배가 있다. 여러분은 6월 15일에 그 배를 타고 B지점으로 이동해서 근처의 호텔에 투숙했다. 그리고 다음날, 여러분의 가족이 같은 배를 타고 B지점에 도착해 여러분과 합류했다.

이 경우의 "같다"는 매일 오전 10시에 A지점에서 B지점으로 이동한다는 성질을 나타내므로 오늘의 배와 어제의 배가 다른 선박이라고 해도 문제가 되지 않는다. 실제 선박이 다르다고 해도 우리는 같은 배라고 부를 것이다. 같은 목적으로 사용할 수 있으므로 같은 배인 셈이다.

● 수리된 테세우스의 배가 진짜이다

이것을 바탕으로 생각하면 테세우스의 배는 수리된 쪽이 진짜라고 생각해야 한다. 최초의 테세우스의 배와 같은 기능을 유지하고 있으며 같은 일을 할 수 있는 것은 수리된 쪽이기 때문이다. 당시의 테세우스의 배처럼 바다를 항해할 수 있는 것은 수리된 테세우스의 배이며, 복원된 테세우스의 배는 바다에 띄우면 금방 가라앉고 말 것이다.

또한 수리된 테세우스의 배는 테세우스의 배가 아테네로 돌아온 이후 줄곧 그곳에 있었다. 많은 사람들이 조금씩 손을 보면서 테세우스의 배를 지켜온 것이다. 그 배가 세월의 흐름과 함께 오늘에 이르기까지 그곳에 존재했음은 아무도 의심하지 않는 사실이다. 만약 복원된 테세우스의 배가 진짜라고 한다면 테세우스의 배를 지켜온 모든 사람들의 노력을 부정하는 셈이 된다.

● 복원된 테세우스의 배가 진짜이다

아테네의 젊은이들을 태우고 귀환한 테세우스의 배에 남겨진 흔적에서 당시의 역사적인 배경을 조사하려고 한다면 과연 어느 배를 선택해야 할까? 만약 수리된 테세우스의 배를 조사한다면 "그 배는 다른 배인데……"라는 지적을 받을 것이다. 역사적인 배경을 생각할 때는 당연히 원래의 목재를 사용해서 복원한 테세우스의 배를 진짜로 간주하고 그 배를 조사해야 한다.

이것은 무엇이 "같은" 책인가를 생각할 때, 질을 기준으로 삼

어느 단계에서 다른 배가 되었는지 판단이 어렵다

는 시각과 같다. 아무리 같은 재질의 나무를 사용했고 한 글자 한 글자가 똑같이 인쇄되어 있다고 해도 같은 책은 없으며, 이 세상에 같은 책은 단 한 권뿐이라는 생각이다.

그러면 다른 시각에서도 생각해보자. 여러분은 바다에서 조난을 당했다가 어떤 어선에 구조된 경험이 있다. 그런 일이 있은 후로 시간이 흐른 어느 날, 바다를 바라보는데 그 어선과 겉모습이 매우 비슷한 배가 보였다. 이때 누군가가 "당신을 구조한 배와 같은 배입니까?"라고 묻는다면, 여러분은 "배의 종류는 같아 보이지만 같은 배인지는 모르겠습니다"라고 대답할 것이다.

이것은 저자의 사인이 있는 책과 비슷한 경우이다. 배의 종류가 같더라도 여러분을 구조한 단 한 척의 배 이외에는 전부 다른 배이다. 아무리 형태가 똑같더라도 다른 배라는 말이다.

여러분을 구조해준 배가 수리되었다고 해도 그 배임에는 변함이 없다. 따라서 수리를 위해서 목재를 전부 교체했다고 해도 수리된 배는 분명히 여러분을 구해준 배와 같은 배이다.

그러나 복원된 배에는 여러분을 구조할 때 생겼을지도 모르는 상처가 남아 있을 수 있으며, 여러분이 밟았던 목재는 분명히 복원된 배에만 있다.

이렇게 보면 양쪽 모두 여러분을 구조한 배와 같은 배라고 생각하고 싶어진다.

이와 같이 무엇을 기준으로 같다고 간주하느냐에 따라서 답은 달라진다. 때와 장소에 따라서 "같다"가 변화하는 것이다.

테세우스의 배가 어려운 문제인 이유는 종류가 다른 "같다"를 비교하기 때문이다. 어느 쪽이 진짜 테세우스의 배인지에 대한 대답은 여러분의 가치관이나 판단 기준에 따라서 달라질 것이다.

아킬레우스와 거북이

　발이 빠르기로 유명한 아킬레우스와 거북이가 경주를 한다. 아킬레우스는 거북이보다 발이 훨씬 더 빠르기 때문에 핸디캡으로써 거북이보다 조금 뒤에서 출발하며, 신호와 함께 같은 방향으로 달리기 시작한다. 그러면 다음과 같은 현상이 일어날 것임을 알 수 있다.

　출발할 때 거북이가 있었던 장소를 A지점이라고 하자. 아킬레우스가 A지점에 도착하면, 거북이는 그보다 조금 앞인 B지점에 도착한다. 아킬레우스가 B지점에 도착하면, 거북이는 그보다 조금 앞인 C지점에 도착했을 것이 확실하다. 아킬레우스가 C지점에 도착하면 어떻게 될까? 거북이는 그보다 조금 앞인 D지점에 도착했을 것이다. 아킬레우스가 D지점에 도착한다면? 물론 그 시점에 거북이는 그보다 조금 앞인 E지점에 도착했을 것이다.

　이런 상태가 영원히 계속된다. 즉, 아킬레우스는 절대로 거북이를 따라잡지 못한다. 아킬레우스가 아무리 열심히 달려도 조금 전에 거북이가 있었던 지점에 도착할 뿐이기 때문이다.

　아킬레우스는 정말로 거북이를 따라잡을 수 없는 것일까?

"아킬레우스와 거북이"는 그리스의 철학자 제논(Zenon, 기원전 495?−430?)의 역설로 유명한 사고실험이다. 발이 빠르기로 유명한 아킬레우스라는 청년이 거북이와 경주를 하면 당연히 순식간에 거북이를 추월할 것이다. 이것이 당연한 생각이며, 현실에서도 그렇다.

그렇다면 왜 아킬레우스가 거북이를 따라잡지 못한다는 설명이 그럴듯하게 생각되는 것일까? 실제로는 아킬레우스가 거북이를 추월하므로, 아킬레우스는 절대 거북이를 따라잡지 못한다는 결론을 이끌어낸 과정에 오류가 숨어 있을 것이다.

아킬레우스가 A지점에 도착했을 때, 거북이는 분명히 B지점에 있다. 아킬레우스가 B지점에 도착했을 때, C지점에 도착했을 때, D지점에 도착했을 때를 생각해보더라도 거북이는 분명히 아킬레우스보다 조금 앞에 있게 된다. 이것을 100회 반복해도 거북이는 역시 아킬레우스보다 앞에 있다. 이렇게 해서는 평생이 가도 아킬레우스가 거북이를 따라잡지 못하게 된다.

그렇다면 이 설명은 어떤 상태의 아킬레우스와 거북이의 관계를 나타낸 것일까? 여기에 이 사고실험을 해결할 열쇠가 숨어 있다.

아킬레우스가 거북이를 따라잡지 못하는 이유는 아킬레우스

아킬레우스가 따라잡지 못할 때 아킬레우스와 거북이의 위치

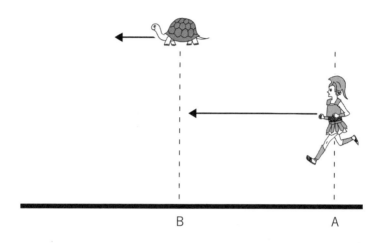

아킬레우스가 A지점에 도착했을 때, 거북이는 그보다 조금 앞인 B지점에 있다

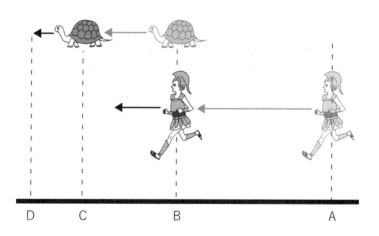

아킬레우스가 B지점에 도착했을 때, 거북이는 그보다 조금 앞인 C지점에 있다

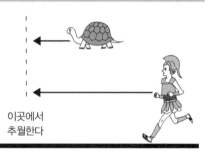

아킬레우스가 거북이를 따라잡을 때 아킬레우스와 거북이의 위치 관계

아킬레우스가 거북이를 따라잡기 전까지, 거북이는 반드시 아킬레우스의 앞에 있다

이곳에서
추월한다

역설은 따라잡기 전까지의 시간을 영원히 반복한 것일 뿐이다

가 거북이를 따라잡기 전까지의 아킬레우스와 거북이의 관계를
잘게 쪼개서 설명했기 때문이다.

출발해서 10초 후에 아킬레우스가 거북이를 추월한다고 가정
하자. 그렇다면 출발하고 5초 후에는 어떻게 될까? 아킬레우스
는 거북이를 따라잡았을까? 물론 거북이가 아직 앞에 있다. 그
렇다면 6초 후에는 어떨까? 7초 후에는? 8초? 9.9초는? 당연히
아직 따라잡지 못했다. 요컨대 아킬레우스가 거북이를 따라잡는
순간이 찾아오기 이전의 장면을 잘게 쪼개서 생각했을 뿐인 것
이다.

분명히 아킬레우스가 거북이를 따라잡고 있는 상태라면 어떤
장면을 보더라도 거북이가 아킬레우스보다 앞에 있을 수밖에 없

다. 아무리 발이 빠르기로 유명한 아킬레우스라고 해도 거북이를 따라잡기 이전의 장면만을 끝없이 쪼개서 검증하는 데에는 어찌 할 도리가 없다. 따라잡기 이전에 따라잡을 수는 없으니 말이다.

5억 년 버튼

5억 년 버튼은 스가하라 소타(홈페이지 http://www.soogle.biz/)
가 그린 CG 만화 「모두의 도니오(みんなのトニオちゃん)」에 수록
된 에피소드 "아르바이트(BUTTON)"에 등장하는 버튼이다.

*

편한 아르바이트를 찾아다니는 스네로와 자이타. 자이타가 도
니오에게 좋은 아르바이트 자리가 어디 없느냐고 묻자, 도니오
가 어떤 아르바이트를 소개한다. "좋은 아르바이트인지 어떤지
는 모르겠지만……"이라고 전제하기는 했지만, "눈 깜빡할 사이

5억 년 버튼

5억 년 버튼의 전체적인 상황

기억은 연속된다

5억 년 버튼을
누르기 직전까지의 인생

5억 년 버튼을
누른 후의 인생

아무것도 없는 공간으로
워프해 5억 년을 보낸다

원래의 세계에서는 한순간으로 느껴지며, 기억조차 남지 않는다

에 100만 엔을 벌 수 있는 아르바이트"라고 이야기했다. 깜짝 놀
란 스네로와 자이타에게 도니오는 설명을 계속했다.

- 누구나 쉽게 할 수 있는 일
- 잠깐 버튼을 누르기만 하면 끝
- 버튼을 누르면 미약한 전류가 흐르며, 아무것도 없는 공간
  으로 워프(Warp : 공상과학 소설이나 영화에서 자주 쓰이는
  것으로 시간과 공간을 초광속으로 이동하는 것을 뜻함/옮
  긴이)한다
- 워프한 곳에서 5억 년을 지낸다

"아무것도 없는 공간에서 쭈―욱 혼자 '살아야 하는' 아르바이트인데, 해볼래? 100만 엔을 위해서."

도니오의 설명에 따르면, 의식은 계속 또렷하게 유지되며 잠들 수도 죽을 수도 없다. 다만 5억 년이 끝난 순간 5억 년의 기억은 전부 사라지며, 버튼을 누른 순간의 상태로 되돌아간다. 그리고 "벌써 끝난 거야? 이거 누워서 100만 엔 먹기잖아?"라고 느낀다고 한다.

여러분은 이 버튼을 누르겠는가?

이 이야기가 등장하는 만화에서는 먼저 자이타가 버튼을 누르고 순식간에 100만 엔을 벌었다. 5억 년분의 기억은 깨끗이 지워졌기 때문에 자이타는 "어라? 망가졌나? 아무 일도 안 일어나잖아?"라면서 그저 버튼을 눌렀을 뿐인데 100만 엔이 손에 들어온 것에 놀란다. 그리고 다시 한번 버튼을 누른다.

그 모습을 본 스타로는 결국 버튼에 손을 댄다. 그리고 지옥의 5억 년이 시작되어 절망을 경험한다. 흰 타일이 깔린 공간으로 워프되어 지루함과 공포를 맛본다. 그러나 5억 년이 끝나고 그 사이의 기억이 전부 지워지자, 그는 100만 엔을 벌었다고 좋아하며 다시 버튼을 누른다.

아르바이트를 선택할 때에 반드시 확인해야 하는 것이 있다. 바로 시급이다. 사람들은 시급이 높은 아르바이트에 큰 매력을 느낀다. 이 5억 년 버튼을 생각할 때, 실제로 경험하는 5억 년을 기준으로 시급을 계산하면 연봉 0.002엔이 된다. 1년 동안 그곳에 있어도 0.002엔밖에 받지 못하는 셈이다. 그렇게 생각하면 아무도 이 아르바이트를 하려고 들지 않을 것이다.

그러나 실제로는 5억 년의 기억이 지워져서 눈 깜빡할 사이에 100만 엔을 벌었다고 느끼므로, 초급(秒給) 100만 엔이라고 생

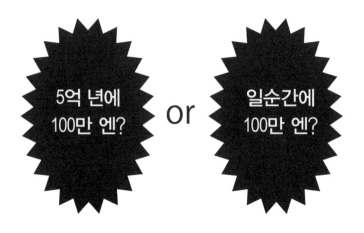

5억 년에
100만 엔?

or

일순간에
100만 엔?

각할 수도 있을 것이다. 초급 100만 엔짜리 아르바이트를 거부할 사람은 아무도 없다.

아르바이트에 참여한 사람이 느끼기에는 눈 깜빡할 사이에 100만 엔이 손에 들어온 것이지만, 사실은 5억 년을 경험한 것이다. 그렇다면 이것은 5억 년에 100만 엔을 버는 아르바이트일까, 아니면 일순간에 100만 엔을 버는 아르바이트일까? 아마도 의견이 갈리지 않을까 싶다.

● 5억 년 버튼의 세계에서 시간을 보낸다는 것

아무것도 없는 공간에서 잠도 제대로 이루지 못하고 5억 년이라는 시간을 보내야 한다는 것은 누구에게나 고통스러운 일이며, 너무나도 긴 시간에 절망감을 느낄 것이다. 유일한 희망은 5

억 년이 지나면 원래의 세계로 돌아갈 수 있다는 사실뿐인데, 과연 이 희망에 의지하며 5억 년을 견뎌낼 수 있을까? 만약 1년 동안 세상 사람들과 연락을 끊고 가만히 앉아서 생각만 하면서 살아야 했다면 5억 년에 비해 찰나나 다름없는 시간임에도 불구하고, 두 번 다시 경험하고 싶지 않은 고통이었다는 생각이 들지 않을까? 세상은 움직이고 있는데 자신만 홀로 남겨진 기분이 들 것이다.

다만 현실에서 보내는 1년과 배고픔도 느끼지 못하고 나이도 먹지 않는 5억 년 버튼의 세계에서 보내는 1년은 그 성질이 완전히 다르다. 5억 년 버튼의 세계에서는 아무것도 하지 않은 결과, 몸이 약해지거나 정신적인 병에 걸리거나 세상 사람들의 눈을 신경 쓸 필요가 없다. 그 사이 현실 세계에서는 시간이 전혀 흐르지 않으므로 몸이나 사회의 변화를 신경 쓸 필요가 없는 것이다. 기억을 포함해서 모든 것이 원래의 상태로 되돌아가므로 5억 년이라는 시간만 극복할 수 있다면 뒷일은 전혀 걱정할 필요가 없다.

이렇게 생각하면 문제가 되는 것은 사회적인 이목도, 육체적인 변화도, 경제적인 불안감도 아니다. 오로지 정신적인 고통뿐이다. 만약 의식을 잃은 상태로 5억 년을 보낼 수 있다면, 100이면 100명 모두 이 아르바이트에 참가할 것이다. 물론 도니오가 믿을 수 있는 사람이라는 전제가 필요하지만 말이다.

요컨대 버튼을 누를 때에 문제가 되는 것은 연속된 5억 년 분의 의식이다. 5억 년을 보내야 하더라도 의식이 없다면 문제는 되지 않는 것이다.

● 버튼을 누르겠다고 대답하는 사람

버튼을 누르겠다고 대답하는 사람은 이를테면 이런 식으로 생각한다.

버튼을 누른 뒤에 5억 년을 보냈다고 해도 그 기억은 전부 사라지므로 그 사람이 느끼기에는 눈 깜빡할 사이에 100만 엔을 버는 것이다. 만약 이 버튼을 10번 눌렀다면 순식간에 1,000만 엔이 손에 들어온다. 그렇다면 아르바이트를 마다할 이유가 없지 않은가?

예를 들면 여러분이 지금 어떤 버튼을 눌렀다고 가정하자. 여러분은 몰랐지만, 사실 그것은 5억 년 버튼이었다. 이것이 사실이라고 해도 여러분은 전혀 깨닫지 못한다. 아무런 고통도 느끼지 못한다. 이렇게 생각하면 5억 년 버튼을 누르는 행위는 실생활에 어떤 변화도 가져오지 않는다. 아무것도 없는 공간에서 5억 년 동안 고통을 맛보았다고 해도 그것은 이미 과거의 일이다. 애초에 기억이 남지 않으므로 과거의 기억이라고 말할 수도 없다.

5억 년에 100만 엔을 버는 아르바이트냐, 일순간에 100만 엔을 버는 아르바이트냐고 묻는다면, 버튼을 누르겠다고 응답한 사람은 당연히 일순간에 100만 엔을 버는 아르바이트라고 생각한다.

● 버튼을 누르지 않겠다고 대답하는 사람

한편 버튼을 누르지 않겠다고 대답하는 사람은 이를테면 다음과 같이 생각한다.

설령 기억이 완전히 지워져서 눈 깜빡할 사이에 100만 엔을 벌었다고 느끼더라도 실제로는 견디기 힘든 5억 년을 보낸 것이다. 인생을 100년이라고 생각했을 때, 그보다 500만 배나 더 긴 시간을 아무것도 없는 공간에서 고독과 지루함을 느끼며 보내야 한다니, 상상하기도 두렵다. 그런 엄청난 고통을 견뎌내고 받는 보수가 고작 100만 엔이어서는 수지타산이 맞지 않는다. 100만 엔을 벌기 위해서 5억 년의 고독과 지루함을 견딜 가치는 없다.

5억 년에 100만 엔을 버는 아르바이트냐, 일순간에 100만 엔을 버는 아르바이트냐고 묻는다면, 버튼을 누르지 않겠다고 응답한 사람은 5억 년에 100만 엔을 버는 아르바이트라고 생각하며, 따라서 버튼을 누른다는 선택지는 절대 있을 수 없다.

이 두 의견의 차이는 결과를 중시하느냐, 아니면 과정을 중시하느냐일 것이다. 결과만을 생각하면 하지 않을 이유는 어디에도 없다. 몸이 약해지는 것도 아니고 트라우마가 남지도 않는다. 버튼을 누르기 직전부터 기억이 이어지므로 그저 버튼을 눌렀을 뿐인데 100만 엔을 벌었다는 기억이 뇌에 각인된다. 5억 년 동안의 기억은 어디에도 남아 있지 않다. 누르는 순간에는 두려움을 느끼겠지만, 일단 누르고 나면 별 것 아니다. 눈 깜빡할 사이에

100만 엔이 손에 들어온다.

　과정을 중시할 경우는 설령 순식간에 100만 엔을 벌었다고 느
낀다고 해도 5억 년은 실제로 존재하며, 버튼을 누르면 5억 년을
경험하게 되는 것은 명백한 사실이다. 그곳은 연봉 0.002엔의 세
계이다. 아무리 미쳐버릴 것 같아도 죽을 수도 없으며 포기할 수
도 없다. 그런 고통을 맛볼 것을 알면서도 고작 100만 엔에 그
버튼을 누를 수 있을까?

　아무리 일순간으로 느낀다고 해도 실제로 5억 년의 세계를 체
험하는 것이라면 그 일순간은 명백히 5억 년이다.

　자, 여러분의 생각은 어느 쪽인가?

타임머신 이야기 (1)

이번에는 미래의 기술이라고 하면 반드시 거론되며 많은 사람들이 이용해보고 싶어하는 타임머신에 관한 사고실험을 해보려고 한다.

타임머신은 존재할 수 있을까? 만약 장래에 타임머신이 발명된다면 이런 일이 일어날지도 모른다. 그 경우 현실은 어떻게 변화할까?

*

히카루가 태어나기 3년 전, 히카루의 어머니는 심각한 병을 앓았다. 당시의 의료 기술로는 손쓸 수 없는 병이었기 때문에 의사는 히카루의 어머니에게 앞으로 1년밖에 살지 못할 것이라고 말했다.

그런데 약 반년 뒤 미래에서 왔다는 한 소년이 히카루의 어머니에게 특효약을 주고 갔다. 그 소년은 바로 히카루로, 그로부터 15년 후에 개발되는 치료약을 가지고 온 것이었다.

히카루는 타임머신을 타고 아직 자신이 태어나지 않은 과거로 가서 어머니의 생명을 구했다. 히카루가 오지 않았다면 어머니는 틀림없이 목숨을 잃었을 것이며, 따라서 히카루도 태어나지 못했을 것이다. 그 치료약 덕분에 목숨을 구한 어머니는 무사히 히카루를 낳았다.

이 이야기의 모순을 어떻게 생각해야 할까?

히카루와 타임머신

어머니가 병으로 1년의 시한부 선고를 받는다

어머니를 구하러 간다

15년 후

히카루가 준 치료약을 먹고 완치

2년 반 후 → 히카루 탄생

히카루는 어떻게 태어났을까?

히카루의 어머니가 병으로 목숨을 잃었다면 히카루는 태어나지 못하게 되며, 따라서 타임머신을 타고 어머니를 살리러 올 수도 없다. 히카루가 타임머신을 타고 와서 약을 전해주었기 때문에 히카루의 어머니는 병을 극복하고 히카루를 낳을 수 있었다.

　이 경우 히카루의 어머니가 히카루를 낳기 전에 세상을 떠났으므로 히카루는 당연히 태어나지 못했다고 보아야 하며, 존재하지 않는 히카루가 어머니에게 약을 전해주기란 불가능하다고 생각하는 것이 타당하다.

　그렇다면 히카루가 생명을 구한 대상이 그의 여동생일 경우는 어떨까?

타임머신 이야기 (2)

당시 열 살이던 히카루는 다섯 살이던 여동생을 병으로 먼저 떠나보냈다. 이윽고 시간이 흘러 히카루가 서른 살이 되었을 때, 여동생이 앓았던 병의 특효약이 개발되었다. 그러자 히카루는 갓 완성된 타임머신을 타고 죽기 전의 여동생을 찾아가 특효약을 전해주었다. 특효약을 먹은 여동생은 완치될 수 있었다.

만약 타임머신이 만들어진다면 이런 사건이 일어날 수 있을 것이다. 그런데 이 경우 열 살이던 히카루가 서른 살이 될 때까지 여동생은 어디에 있었을까?

만약 히카루가 타임머신을 타고 과거로 가서 특효약을 전해주었다면, 여동생은 죽지 않게 되므로 줄곧 함께 살고 있었던 것이 된다. 그런데 이 경우 여동생이 없는 상태에서 보낸 히카루의 20년은 어떻게 되는 것일까? 또한 히카루는 열 살 때 이미 20년 후의 미래에서 찾아온 자신이 여동생을 구한다는 사실을 알게 될 것이다. 20년 후에 타임머신과 특효약이 개발되어 자신이 여동생에게 특효약을 전해주러 과거로 올 것임을 알게 된다는 말이다.

여기까지 생각하면 미래의 현실 사회에 타임머신이 존재할 가능성은 한없이 낮다고 볼 수 있다. 만약 타임머신이 미래의 어느 시점에 개발된다면 지금의 시대로 시간 여행을 온 사람이 있어도 이상하지 않은데, 그런 정보는 없기 때문이다.

또한 만약 시간 여행 기술이 개발된다면 이런 일이 일어날지도 모른다. A사에서 타임머신을 개발하자 경쟁사인 B사의 사원이 타임머신을 만드는 방법을 배운 다음 타임머신을 타고 과거로 돌아간다. 그리고 과거의 B사에 타임머신을 만드는 방법을 가르쳐주어 A사보다 먼저 타임머신을 만들어 발표하는 것이다. 그러자 이번에는 C사나 A사가 타임머신 제작법을 배운 다음……. 이 과정이 한없이 반복될 것이다.

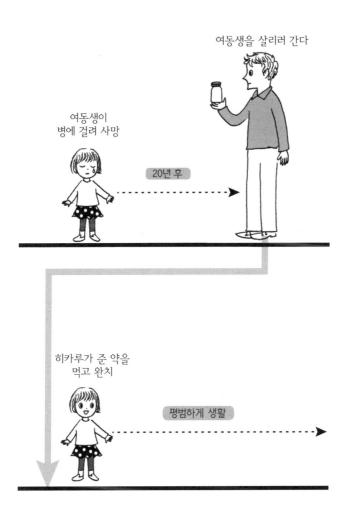

여동생을 살리러 간다

여동생이
병에 걸려 사망

20년 후

히카루가 준 약을
먹고 완치

평범하게 생활

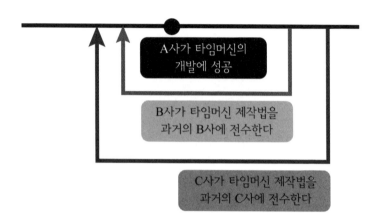

타임머신 개발의 역사

A사가 타임머신의
개발에 성공

B사가 타임머신 제작법을
과거의 B사에 전수한다

C사가 타임머신 제작법을
과거의 C사에 전수한다

➡ 결국 어느 회사가 타임머신을 개발한 것이 될까?

타임머신의 존재를 믿는 전문가들도 타임머신이 과거로 갈 때 시간축이 갈라져서 똑같지만 다른 세상으로 가게 된다든지 과거에 영향을 미쳐서는 안 된다는 제약이 있을 것이라는 등 다양한 의견을 내놓고 있다.

타임머신 이야기 (3)

만약 과거로 거슬러올라가 자신이 태어나지 않도록 한다면 어떻게 될까?

*

다쿠로는 자신의 부모님을 싫어했다. 특히 폭력적인 아버지는 증오의 대상이었다. 그러던 어느 날 타임머신이 개발되자 다쿠로는 타임머신을 타고 과거로 거슬러올라갔다. 그리고 아버지의 부모(다쿠로의 조부모)가 만나지 못했다면 아버지가 태어나지 않았을 것이라는 생각에서 할아버지와 할머니가 결코 만나지 못하도록 만들었다. 두 사람이 운명적으로 만나는 상황에 개입하여 만나지 못하도록 한 것이다. 결국 두 사람은 서로 만나지 못한 채 각자의 길을 걸었고, 아버지는 당연히 태어나지 않았다.

그런데 여기에서 문제가 발생한다. 다쿠로의 아버지가 태어나지 않았다는 말은 당연히 다쿠로도 태어나지 않았다는 의미가 된다. 다쿠로가 태어나지 않았다면 다쿠로가 타임머신을 타고 할아버지와 할머니의 만남을 조작하는 일도 일어나지 않는다. 즉, 두 사람은 만나서 맺어지게 된다.

그러나 이렇게 되면 이번에는 다쿠로가 태어난다. 그러면 다쿠로는 아버지를 증오해 타임머신을 타고 과거로 가서 할아버지와 할머니가 만나지 못하도록 방해할 것이고, 두 사람은 각자의 길을 걸을 것이다. 따라서 아버지는 태어나지 않게 된다.

할아버지와 할머니는 결국 만나게 될까, 아니면 만나지 못하게 될까?

타임머신은 여러 소설과 영화, 애니메이션, 게임에 등장해서 어려운 사건을 해결하거나 사람의 생명 또는 세계를 구하는 등 다양한 활약을 보여준다. 그러나 지금까지 살펴보았듯이 타임머신이 존재하면 수많은 모순이 발생한다. 이 "타임머신 이야기 (3)"도 타임머신의 존재를 부정하는 사건이다.

예를 들면 자살을 하고 싶어하는 A가 타임머신을 타고 5분 전의 자신을 찾아가 스스로 목숨을 끊지 못하는 자신을 죽였다고 가정하자. 그러면 그 시점에 A는 목숨을 다하게 되며, 5분 후의 A는 존재하지 않게 된다. 그렇다면 A를 죽이러 온 인물은 대체 누구란 말인가?

그런데 이것이 만약 미래로 가는 시간여행이라면 어떻게 될까? 5분 후의 자신을 죽이는 것이라면 이 모순은 발생하지 않는다. 만약 A가 5분 후의 자신을 죽였다면 그 5분 후에 과거의 자신이 나타나 자신을 죽인 셈이 된다. 타임머신을 타고 과거로 가면 모순이 발생하지만 미래로 가면 이 경우에 관한 모순은 발생하지 않는다고 할 수 있다.

다만 이 경우에도 만약 A가 1분 후에 갑자기 죽기가 두려워져서 먼 곳으로 도피를 한다면 어떻게 될까? 타임머신은 참으로

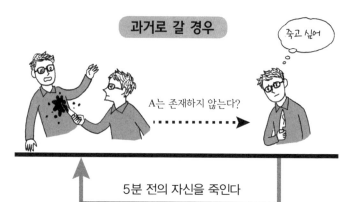

자신이 자신을 죽일 수 있을까?

과거로 갈 경우

죽고 싶어

A는 존재하지 않는다?

5분 전의 자신을 죽인다

미래로 갈 경우

죽고 싶어

5분 후의 자신을 죽인다

 미래의 자신을 죽이는 것이라면
모순은 발생하지 않는다

어려운 문제를 만들어내는 존재이다.

다쿠로의 이야기에서도 다쿠로는 자신이 태어나지 않게 하기 위해서 아버지의 존재를 지워버렸다. 그러면 다쿠로도 태어나지 않게 되며, 다쿠로가 태어나지 않으면 아버지의 존재를 지워버릴 사람이 없어지므로 아버지는 무사히 태어나게 된다.

그러나 그렇게 되면 다쿠로가 태어나게 되어서……라는 모순이 발생한다.

만약 미래에 타임머신이 실제로 개발되어 사용된다면, 이용자가 여러 가지 제약 속에서 시간여행을 하고 있으리라고밖에 생각할 길이 없다. 과거에 간섭해서는 안 된다든가 과거의 사람에게 미래에서 왔음을 알려서는 안 된다는 규정이 있을지도 모르며, 아니면 그런 행동이 원천적으로 불가능하도록 만들어놓았을지도 모른다.

여러분은 미래에 타임머신이 개발될 것이라고 믿는가?

제3장

숫자와 현실의 불일치를 경험하는 사고실험

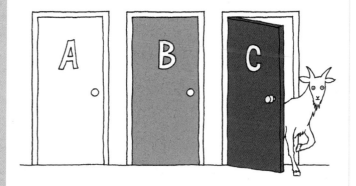

직감이 옳은 답으로 가는 길을 방해한다

학창 시절에 수학 문제를 푸느라 머리를 쥐어짜본 경험은 누구에게나 있을 것이다. 그와 같은 경험은 사고실험과 통하는 측면이 있다.

수학과 관련된 사고실험이라고 하면 왠지 모르게 어려운 이야기일 것 같아 긴장될지도 모르겠다. 그러나 이 책에는 난해한 계산식이나 공식은 등장하지 않는다. 언뜻 단순해 보이는 문제를 통해서 사고를 깊게 확장해나가는 것이다. 논리적인 사고가 필요한 문제도 그림을 활용하면서 최대한 알기 쉽게 설명할 생각이다.

여기에서 다루는 문제들 중에는 직감적으로 느끼는 답과 실제의 답이 서로 다른 특수한 문제가 많다. 그래서 머릿속이 조금 혼란스러워질지도 모른다. 가령 3개의 문 가운데 하나를 선택하는 단순한 설정의 "몬티 홀 문제"는 상상도 할 수 없을 정도로 어려운 문제로 널리 알려져 있다. 그리고 "이상한 계산식 (2)"에서는 2와 1, 1과 0이 "등호(=)"로 연결되는 기묘한 문제가 발생한다.

이처럼 숫자는 아주 쉽게 우리의 뇌를 속인다. 그런 불가사의한 경험을 여러분도 마음껏 즐겨보기를 바란다.

몬티 홀 문제

　미국의 장수 인기 방송 프로그램인 "거래를 합시다(LET'S MAKE A DEAL)"에서 진행한 어떤 재미있는 심리 게임과 관련된 문제가 커다란 논쟁을 불러일으켰다. 다만 게임 자체에 문제가 있었던 것은 아니며, 논쟁의 계기가 된 것은 이 게임에 관한 한 칼럼이었다. 사회자인 몬티 홀(Monty Hall, 1921-2017)의 이름을 따서 이 논쟁을 몬티 홀 문제 혹은 몬티 홀의 딜레마라고 부른다.

　방송에서 진행된 프로그램의 나용은 다음과 같다.

　A, B, C라는 3개의 문이 있다. 참가자는 이 가운데 하나의 문을 선택하고 그 결과에 따라서 경품을 받는다. 3개의 문 중 하나에는 고급 승용차가 있어서, 그 문을 선택하면 차를 손에 넣을 수 있다. 나머지 두 문은 꽝이며, 문을 열면 염소가 나타난다. 승용차 = 당첨, 염소 = 꽝이라는 단순한 선택 게임이다.

　다만 도중에 사회자인 몬티 홀이 참가자와 심리전을 벌인다. 심리전으로 참가자의 마음을 동요시키는 것이 이 게임의 묘미인 것이다.

실제 게임을 소개할 테니 사고실험을 즐겨보기 바란다.

*

자, 게임이 시작된다. 참가자는 여러분이다. 3개의 문 가운데 하나를 선택해보자. 하나의 문에는 승용차가, 다른 두 문에는 염소가 배치되어 있다.

가령 여러분이 A문을 선택했다고 가정하자. 그러면 몬티 홀이 극적인 연출을 위해서 나머지 두 문(B와 C) 가운데 하나의 문을 연다. 몬티 홀은 어디에 승용차가 있는지를 알고 있으며, 반드시 승용차가 없는 문을 연다. 만약 A문이 정답일 경우, 정답이 아닌 2개의 문 가운데 무작위로 하나의 문을 열어서 여러분에게 문 뒤의 염소를 보여준다.

가령 이번에는 C문을 열었다고 가정하자. 물론 꽝이므로 염소

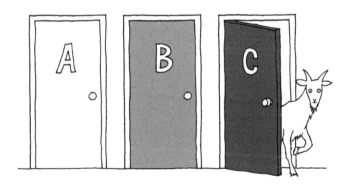

하나의 문에는 고급 승용차가 있고, 다른 2개의 문에는 염소가 있다

가 보인다. 이제 A문 아니면 B문에 승용차가 있음이 확실해졌다. 선택지가 3개에서 2개로 줄어든 것이다.

그리고 몬티 홀은 여러분에게 말을 건다.

"마지막 기회를 드리겠습니다. 선택을 바꾸시겠습니까?"

지금이라면 B문으로 선택을 바꿀 수 있다는 말이다. 그렇다면 B문으로 선택을 바꾸는 편이 좋을까, A문을 고수하는 편이 좋을까?

깊이 생각해보기를 바란다.

C문에는 염소가 있다는 것을 알았으므로 남은 문은 A문과 B문이다. A문과 B문 중 어느 쪽을 선택해야 승용차를 받을 가능성이 높아질까? 아니면 어떤 문을 선택하든 확률은 똑같을까? 그렇다면 최초의 선택을 그대로 밀고 나가도 될 것 같은 느낌도 든다.

실제 방송에서는 자신이 처음에 선택했던 문을 바꾸지 않은 참가자들이 많았다고 한다. 그 이유는 "어차피 2개의 문 가운데 하나에 승용차가 있으므로 확률은 반반, 각각 2분의 1이다. 그러니 바꿀 이유가 없다"라든가 "몬티 홀의 유혹에 넘어가서 선택을 바꿨다가 꽝이 나오면 정신적인 타격이 크다. 나의 의지로 선택한 문이 꽝인 편이 낫다. 그러므로 몬티 홀의 유혹에 넘어가지 않겠다" 등이었다. 사회자의 심리전에 마음이 흔들려서 선택을 바꿨다가 꽝이 나오면 후회가 막심할 터이니 선택을 바꾸기 싫다는 것이다.

게다가 확률은 반반이므로 자신의 직감을 믿는다는 것도 충분히 타당한 이유로 들린다. 분명히 A문과 B문 중 하나에는 반드시 승용차가 있으므로 두 문 가운데 어느 쪽을 선택하든 확률은 같아 보인다. 그런데 정말 그럴까?

사실 이 몬티 홀 문제는 직감적으로 옳다고 느껴지는 답과 수학적으로 계산한 답이 서로 다른 문제로 유명하다. 앞에서 이 문제가 열띤 논쟁을 불러일으켰다고 이야기했으므로, "아무리 생각해도 확률은 반반 같은데, 아닌가?"라고 생각한 사람도 많을지 모르겠다.

직감적으로는 문 뒤에 승용차가 있을 확률이 A문과 B문 모두 동일한 2분의 1이라고 생각되지만, 실제로는 다르다. 그런데 수학자들조차도 A문과 B문 모두 2분의 1의 확률이라고 주장한 경우가 많아서 큰 논쟁이 벌어졌다.

논쟁의 발단이 된 사람은 세계에서 가장 지능지수가 높은 사람으로 기네스북에 오르기도 했던 마릴린 보스 사반트(Marilyn vos Savant)이다. 그녀가 자신이 연재하는 칼럼 "마릴린에게 물어보세요"에서 "A문과 B문의 확률은 다릅니다. 선택을 바꾸면 확률이 2배가 되지요. 그러므로 참가자는 선택을 바꾸는 편이 유리합니다"라고 주장한 것이다. 이 칼럼에 대해서 "사반트가 틀렸다!"라는 항의가 빗발쳤는데, 그중에는 수학자도 다수 포함되어 있었다. 수학자들 중에는 규칙을 정확하게 이해하지 못한 까닭에 오해한 사람도 있었던 모양인데, 어쨌든 사반트가 받은 항의 편지는 1만 통이 넘었다고 한다.

그러나 이 논쟁은 결국 사반트의 승리로 끝났다. 선택을 바꾸면 분명히 승용차를 받게 될 확률이 2배로 높아진 것이다.

● [해설 1]

참가자가 처음 문을 선택했을 때, A, B, C의 세 문에 승용차가 있을 확률은 각각 3분의 1이다. 그중에서 A문을 선택한 시점에 여러분이 정답을 선택했을 확률은 3분의 1이다. 여기까지는

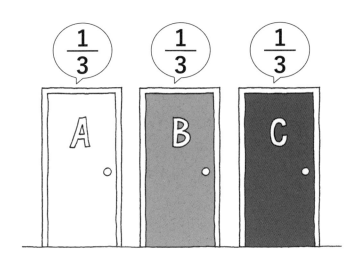

문제가 없다. 문제는 그 다음이다.

사회자인 몬티 홀이 C문을 열었고, 그곳에서 염소가 나왔다. 몬티 홀은 의도적으로 꽝인 문을 열어서 참가자에게 보여주기 때문에 꽝인 문 하나가 확실히 선택지에서 제외된다. 그렇다면 C문에 있었던 3분의 1의 확률은 이 시점에서 어디로 갈까?

"아니, 그런 문제가 아니잖아……"라는 생각이 들지도 모르겠는데, 그 3분의 1이 B의 확률에 더해진다는 것이 정답이다(이것은 훗날 컴퓨터를 이용한 실험에서도 증명되었다).

직감적으로는 C문이 꽝임을 안 시점에 확률은 반반이 된다고 생각하는 사람들이 많다. 몬티 홀이 "마지막 기회를 드리겠습니다. 선택을 바꾸시겠습니까?"라고 말했을 때, 참가자는 다시 2

개의 문 가운데 하나를 선택한다. 2개의 문 가운데 하나를 선택한다면 확률은 당연히 2분의 1이라고 생각할 것이다. 그러나 실제로는 B문을 선택했을 때의 당첨 가능성이 A문을 선택했을 때의 당첨 가능성보다 2배 더 높다.

여기까지 읽어도 이해가 잘 되지 않는 사람들이 많을 터이므로 설명을 위해서 다른 사례를 준비했다.

A, B, C라는 3개의 문이 있다. 하나의 문에는 승용차가, 다른 2개의 문에는 염소가 배치되어 있다. 이 가운데 승용차가 있는 문을 선택하면 여러분은 그 차를 손에 넣을 수 있다.

여기까지는 앞의 게임과 동일한데, 참가자인 여러분은 다음 선택지 가운데 하나를 고를 수 있다.

선택지 1 : A문이 정답이라면 승용차를 받을 수 있다.
선택지 2 : B문 또는 C문이 정답이라면 승용차를 받을 수 있다.

첫 번째 문제와 달리 선택지는 두 가지이다. A문을 선택할 것인가, 아니면 B문과 C문을 동시에 선택할 것인가로 해석할 수 있다. 여러분은 이 선택지 중 어느 쪽을 고르겠는가? 아마도 많은 사람이 선택지 2를 고르지 않을까?

그것은 당연한 선택이다. 선택지 2의 당첨 확률이 2배이기 때문이다.

다음의 그림을 보기 바란다. 선택지 2의 "B문 또는 C문이 정

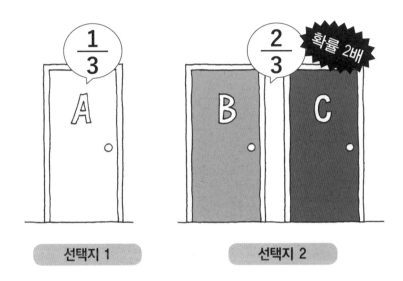

선택지 1   선택지 2

답이라면 승용차를 받을 수 있다"를 선택하는 편이 승용차에 당첨될 확률이 높다는 것을 알 수 있다.

선택지 1의 "A문이 정답이라면 승용차를 받을 수 있다"를 선택했을 경우의 당첨 확률은 3분의 1이지만, 선택지 2를 고르면 B문이 정답이어도 되고 C문이 정답이어도 되므로 당첨 확률은 3분의 2이다.

그렇다면 선택지 2를 고르고 싶어질 것이다. 선택지 1을 고르는 사람은 상당한 모험가이다.

미국의 방송 프로그램 "거래를 합시다"에서 몬티 홀은 B문과 C문 가운데 한쪽이 꽝임을 참가자에게 가르쳐주었다. 이것은 곧

A문을 선택할 것인가, B문과 C문 중 꽝인 하나를 제외한 나머지를 선택할 것이냐는 의미이다. 요컨대 선택지 2와 같다고 생각할 수 있다.

- 【해설 2】

 몬티 홀 문제는 어려운 문제이므로 아직도 잘 이해가 되지 않는 사람도 있을지 모른다. 이번에는 방법을 바꿔서 일어날 수 있는 모든 경우의 수를 하나하나 생각해보겠다. 이렇게 하면 직감적으로 쉽게 이해가 될 것이다.

 먼저 선택한 문을 바꾸지 않을 경우이다. 일어날 수 있는 경우의 수는 다음과 같다.

 1. A문을 선택하고 몬티 홀이 B문 또는 C문을 열었는데 A문이 정답 → **차 획득!**

 2. A문을 선택하고 몬티 홀이 C문을 열었는데 B문이 정답 → 염소

 3. A문을 선택하고 몬티 홀이 B문을 열었는데 C문이 정답 → 염소

 4. B문을 선택하고 몬티 홀이 C문을 열었는데 A문이 정답 → 염소

 5. B문을 선택하고 몬티 홀이 A문 또는 C문을 열었는데 B문

이 정답 → **차 획득!**

6. B문을 선택하고 몬티 홀이 A문을 열었는데 C문이 정답 →
   염소

7. C문을 선택하고 몬티 홀이 B문을 열었는데 A문이 정답 →
   염소

8. C문을 선택하고 몬티 홀이 A문을 열었는데 B문이 정답 →
   염소

9. C문을 선택하고 몬티 홀이 A문 또는 B문을 열었는데 C문
   이 정답 → **차 획득!**

시각적으로 쉽게 이해할 수 있도록 그림으로 정리하면 120-
121페이지와 같다.

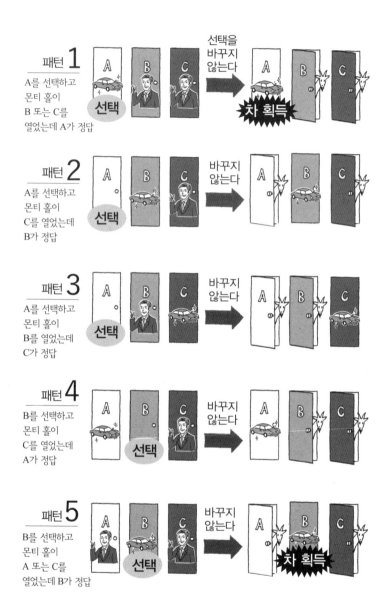

패턴 **6**

B를 선택하고
몬티 홀이
A를 열었는데
C가 정답

선택을
바꾸지
않는다

선택

패턴 **7**

C를 선택하고
몬티 홀이
B를 열었는데
A가 정답

바꾸지
않는다

선택

패턴 **8**

C를 선택하고
몬티 홀이
A를 열었는데
B가 정답

바꾸지
않는다

선택

패턴 **9**

C를 선택하고
몬티 홀이
A 또는 B를
열었는데 C가 정답

바꾸지
않는다

선택

차 획득

숫자와 현실의 불일치를 경험하는 사고실험 121

다음은 참가자가 처음에 선택한 문을 바꿀 경우이다. 일어날 수 있는 경우의 수는 다음과 같다.

1. A문을 선택했다가 몬티 홀이 B문 또는 C문을 열자 선택을 바꿨는데 A문이 정답 → 염소

2. A문을 선택했다가 몬티 홀이 C문을 열자 B문으로 선택을 바꿨는데 B문이 정답 → **차 획득!**

3. A문을 선택했다가 몬티 홀이 B문을 열자 C문으로 선택을 바꿨는데 C문이 정답 → **차 획득!**

4. B문을 선택했다가 몬티 홀이 C문을 열자 A문으로 선택을 바꿨는데 A문이 정답 → **차 획득!**

5. B문을 선택했다가 몬티 홀이 A문 또는 C문을 열자 선택을 바꿨는데 B문이 정답 → 염소

6. B문을 선택했다가 몬티 홀이 A문을 열자 C문으로 선택을 바꿨는데 C문이 정답 → **차 획득!**

7. C문을 선택했다가 몬티 홀이 B문을 열자 A문으로 선택을 바꿨는데 A문이 정답 → **차 획득!**

8. C문을 선택했다가 몬티 홀이 A문을 열자 B문으로 선택을 바꿨는데 B문이 정답 → **차 획득!**

9. C문을 선택했다가 몬티 홀이 A문 또는 B문을 열자 선택을 바꿨는데 C문이 정답 → 염소

"차 획득!"이 3번에서 6번으로 늘어났다. 이것은 당첨 확률이 2배가 되었음을 의미한다.

이것도 124-125페이지에 그림으로 정리했다.

이와 같이 몬티 홀이 "마지막 기회를 드리겠습니다. 선택을 바꾸시겠습니까?"라고 말했을 때 선택지를 바꾸는 것은 현명한 판단이다.

몬티 홀 문제는 사반트의 말처럼 선택을 바꾸면 당첨 확률이 2배가 된다는 것으로 결론이 났다. 이것은 컴퓨터를 이용한 실험(이 문제를 컴퓨터로 수없이 반복한다)에서도 증명되었다. 물론 머리로는 이해해도 직감적으로는 수긍하기가 어렵고 괜히 선택지를 바꿨다가 꽝이 나오면 두고두고 후회가 되겠지만, 수학적으로는 선택지를 바꾸는 것이 정답이다.

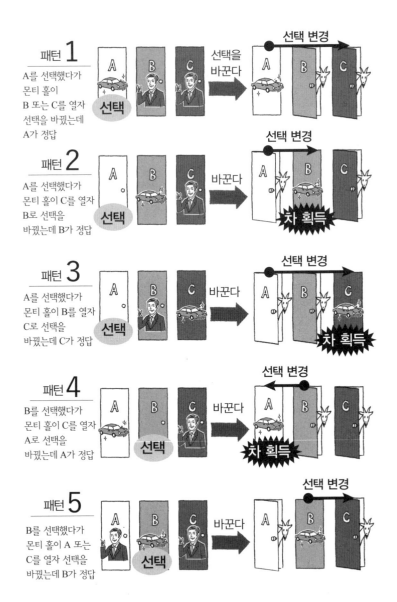

패턴 1

A를 선택했다가
몬티 홀이
B 또는 C를 열자
선택을 바꿨는데
A가 정답

선택을
바꾼다

선택 변경

선택

패턴 2

A를 선택했다가
몬티 홀이 C를 열자
B로 선택을
바꿨는데 B가 정답

바꾼다

선택 변경

선택

차 획득

패턴 3

A를 선택했다가
몬티 홀이 B를 열자
C로 선택을
바꿨는데 C가 정답

바꾼다

선택 변경

선택

차 획득

패턴 4

B를 선택했다가
몬티 홀이 C를 열자
A로 선택을
바꿨는데 A가 정답

바꾼다

선택 변경

선택

차 획득

패턴 5

B를 선택했다가
몬티 홀이 A 또는
C를 열자 선택을
바꿨는데 B가 정답

바꾼다

선택 변경

선택

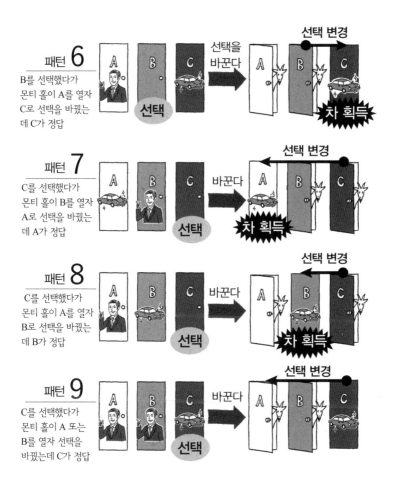

패턴 **6**

B를 선택했다가
몬티 홀이 A를 열자
C로 선택을 바꿨는
데 C가 정답

선택을
바꾼다

선택 변경

차 획득

패턴 **7**

C를 선택했다가
몬티 홀이 B를 열자
A로 선택을 바꿨는
데 A가 정답

바꾼다

선택 변경

차 획득

패턴 **8**

C를 선택했다가
몬티 홀이 A를 열자
B로 선택을 바꿨는
데 B가 정답

바꾼다

선택 변경

차 획득

패턴 **9**

C를 선택했다가
몬티 홀이 A 또는
B를 열자 선택을
바꿨는데 C가 정답

바꾼다

선택 변경

불공정한 디자인 경연 대회

여러분은 신인 디자이너이다. 매일 의뢰받은 일을 처리하면서 자신의 이름을 널리 알릴 기회를 찾기 위해서 디자인 경연 대회의 정보를 모으고 있었다. 그러던 어느 날, 여러분은 내년에 창립되는 대학이 심벌마크를 공모로 결정한다는 정보를 입수하고 흥미를 느껴서 즉시 심벌마크의 제작에 착수했다. 그리고 여러분이 제출한 심벌마크는 총 응모 건수 3만 건이라는 치열한 경쟁을 뚫고 최종 후보 3개 중 하나로 선택되었다.

그후 여러분은 프레젠테이션을 마치고 최종 결과를 기다리게 되었다. 결과는 일주일 후에 발표되는데, 사흘 뒤 여러분은 우연히 심사위원들이 모여서 대화하는 모습을 목격하고 슬쩍 다가가서 이야기를 엿듣게 되었다.

"드디어 세 가지 안으로 압축이 되었군요. 뭐, 심사위원장이 좋아하는 A디자이너가 압도적으로 유리하겠지만요. 확률적으로는 A디자이너가 될 가능성이 절반, 다른 두 명 중 한 명이 될 가능성이 나머지 절반이 아닐까 싶네요. 그러고 보니 지금쯤 결과가 나왔겠군요. 이르면 오늘밤에는 저희도 알 수 있겠네요."

확률은 A씨가 압도적으로 유리

A씨 $\frac{1}{2}$

B씨 $\frac{1}{4}$

C씨 $\frac{1}{4}$

여러분은 세 명의 공모전 선정 확률이 각각 3분의 1일 것이라는 생각과는 다른 현실을 알게 되었다. 이런 이야기를 듣고 마음이 초초해진 여러분은 다음 날 심사를 맡은 단체에 전화를 걸었다.

"이번 심벌마크 공모에서 최종 후보로 선정된 디자인 중 하나를 제작한 C입니다. 결과는 이미 나왔지요? 아직 최종 발표일 전이니까 결과를 물을 수는 없겠습니다만, 그 대신 저 말고 두 명 중에 낙선한 사람을 한 명 가르쳐주실 수는 없겠습니까? 만약 제가 선정되었다면 동전 던지기를 해서 두 명 중에 한 명을 가르쳐주십시오."

그러자 심사위원이 말했다.

"알겠습니다. B씨의 작품은 떨어졌습니다. 그러면 정확한 결과는 발표일까지 기다려주십시오."

여러분은 생각했다. "이것으로 A씨가 선정될 확률이 3분의 2, 내가 될 확률은 3분의 1이 되었군. 뭐, B씨가 떨어졌다는 말을 듣기 전까지는 4분의 1이었으니 확률이 조금은 높아진 셈인가. 물어보기를 잘했네."

자, C씨(여러분)의 디자인이 선정될 확률은 3분의 1이 맞을까?

● 처음부터 A씨가 유리한 경연 대회

B씨가 낙선

● 확률은 어떻게 변화할까……

이렇게 생각하는 것이 맞을까?

이미 눈치를 챘을지도 모르지만, 이것은 몬티 홀 문제에서 확률을 바꾼 버전이다. 몬티 홀 문제가 유명해지기 전, 거의 같은 문제가 일본에서 고안되었다. 세 죄수의 딜레마라고 부르는 문제로, 지금도 많은 책에서 소개되고 있다.

이번의 확률 변화 버전은 세 죄수의 딜레마에서 자주 다루어지는 내용으로, 이 책에서는 조금 더 생각하기 편하도록 설정을 바꿔서 소개했다.

참고 — 세 죄수의 딜레마

세 죄수의 딜레마에서는 세 명의 사형수 A, B, C 가운데 한 명이 특별 사면된다는 설정으로 이야기가 진행된다. 특별 사면될 확률은 세 죄수 모두 3분의 1씩이다. 크리스마스에 사형수 한 명이 특별 사면된다는 소식이 알려졌는데, 누가 사면되는지는 알지 못한다.

그러자 죄수 A가 간수에게 물었다.

"B와 C 중에 누가 사형을 당하는지 한 명만 가르쳐주시오."

그러자 간수가 대답했다.

"B가 사형될 거야."

이때 죄수 A가 특별 사면의 대상일 확률은 얼마일까?

이 경우에도 답은 몬티 홀 문제와 같다. A가 특별 사면의 대상일 확률은 3분의 1로 변화가 없으며, C가 사면될 확률이 3분의 2로 높아진다.

본론으로 돌아가자.

C씨인 여러분은 마음이 조금 무거워졌다. 심사위원장이 좋아한다는 강적 A씨가 남아 있기 때문이다. 그러나 여러분은 A씨의 작품보다 자신의 작품이 훨씬 더 훌륭하다고 자부하며, B씨가 낙선한 현재 여러분의 작품이 선정될 확률은 더 높아졌을 것이라고 마음을 달랬다.

이와 같이 C씨는 자신이 선정될 확률이 4분의 1에서 3분의 1로 높아졌다고 생각하는데, 정말 확률이 높아졌을까?

몬티 홀 문제를 해설한 뒤이므로 C씨의 선정 확률은 변함이 없고 B씨의 확률이 A씨에게 더해진다고 생각한 사람도 많을 것이다. 그러나 사실은 이것도 정답이 아니다.

몬티 홀 문제에서는 3개의 문 모두 정답일 확률이 같으며 이 문들 사이에는 유리한 문도 불리한 문도 없었다. 그러나 이번 디자인 경연 대회 문제에서는 A씨가 선정될 확률이 처음부터 높게 설정되어 있으므로 몬티 홀 문제와는 조건이 다르다. 따라서 똑같이 생각할 수는 없다.

그렇다면 어떤 식으로 생각해야 할까?

● 처음부터 A씨가 유리한 경연 대회

B씨가 낙선

● 확률은 어떻게 변화할까……

B씨의 확률이 A씨에게 이동할까?

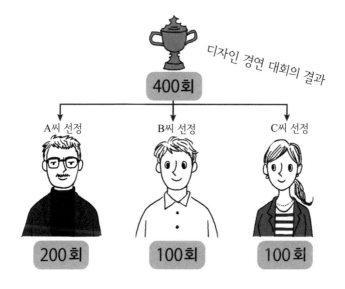

디자인 경연 대회가 400회 열렸다고 가정하면

400회

디자인 경연 대회의 결과

A씨 선정   B씨 선정   C씨 선정

200회   100회   100회

이런 까다로운 문제를 생각할 때에 도움이 되는 사고법이 있다. 같은 상황이 여러 번 일어났을 때를 생각하는 다수회 시행이라는 사고법이다.

이번 문제를 이해하기 위해서, 완전히 같은 조건에서 경연 대회가 여러 차례 실시되었다고 생각해보자. 가령 400회 실시되었다고 하자. 400회로 설정한 이유는 A씨와 B씨, C씨가 당선될 확률을 생각했을 때 2 대 1 대 1이 되기 때문이다.

4회가 실시될 경우, 확률대로라면 A씨가 2회, 나머지 두 명이 1회씩 선정될 것이다. 8회라면 그 2배이다. A씨가 선정될 확률은 4회임을 금방 알 수 있다. 만약 이것을 15회로 설정하면 A씨가

A씨가 선정되었을 경우

200회

심사위원 "A씨의 작품은 떨어졌습니다."　　　심사위원 "B씨의 작품은 떨어졌습니다."

0회

200회

선정되는 횟수는 7.5회, 나머지 두 명은 각각 3.75회가 되기 때문에 계산이 어려워진다. 그러나 4회의 100배인 400회로 설정하면 딱 나누어떨어지므로 계산이 쉬워질 것이다.

그러면 경연 대회가 400회 실시되었다고 가정하고 이야기를 진행하자.

먼저, 400회 가운데 A씨가 선정되는 횟수를 생각해보자. A씨는 2분의 1의 확률로 선정되므로 200회가 된다. 이어서 B씨는 4분의 1의 확률로 선정되므로 100회가 된다. 마지막으로 C씨는 B씨와 똑같으므로 역시 100회가 된다. 이 가운데 전화를 받은 심사위원이 "B씨는 떨어졌습니다"라고 대답하는 횟수를 생각해보자.

B씨가 선정되었을 경우

100회

심사위원 "A씨의 작품은 떨어졌습니다."　　　심사위원 "B씨의 작품은 떨어졌습니다."

100회　　　　　　　　　　　　　　　0회

먼저, A씨의 작품이 선정되었을 경우 심사위원은 반드시 "B씨의 작품은 떨어졌습니다"라고 말한다. A씨가 낙선했다고 말하면 거짓말을 하는 셈이 되며, 여러분의 질문이 "A씨와 B씨 중에 낙선한 사람을 한 명 가르쳐주십시오"였으므로 여러분이 낙선했다고 말할 수는 없기 때문이다. 요컨대 심사위원이 "B씨의 작품은 떨어졌습니다"라고 말하는 횟수는 A씨의 작품이 당선되는 횟수와 같은 200회가 된다.

다음으로 B씨가 선정되었을 경우를 생각해보자. B씨가 선정되었을 경우, 심사위원은 반드시 "A씨의 작품은 떨어졌습니다"라고 말한다. B씨가 당선되는 횟수는 400회 중 100회이므로 그

C씨가 선정되었을 경우
100회

심사위원 "A씨의 작품은 떨어졌습니다." 심사위원 "B씨의 작품은 떨어졌습니다."

50회

50회

100회 모두 "A씨의 작품은 떨어졌습니다"라고 말하게 된다.

마지막으로 여러분이 선정되었을 경우이다. 여러분이 선정되었을 경우, 심사위원은 동전 던지기를 해서 "A씨의 작품은 떨어졌습니다"라고 말할지 "B씨의 작품은 떨어졌습니다"라고 말할지 결정한다. 동전 던지기를 통해서 한쪽으로 치우침 없이 발언하므로 여러분이 선정되는 100회 중 50회는 "A씨의 작품은 떨어졌습니다"라고 말하고, 50회는 "B씨의 작품은 떨어졌습니다"라고 말할 것이다.

그러면 이제 문제에서와 같이 심사위원이 "B씨의 작품은 떨어졌습니다"라고 말하는 횟수를 세어보자. 심사위원이 "B씨의 작

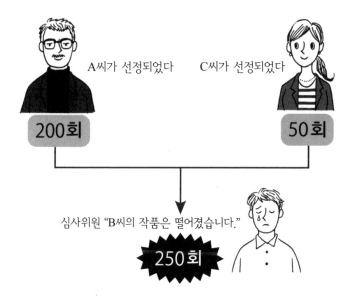

A씨가 선정되었다   C씨가 선정되었다

200회   50회

심사위원 "B씨의 작품은 떨어졌습니다."

250회

품은 떨어졌습니다"라고 말하는 횟수는 A씨가 당선되었을 때의 200회와 여러분이 당선되었을 때의 50회이다. 둘을 더하면 250회가 된다.

심사위원이 여러분에게 "B씨의 작품은 떨어졌습니다"라고 대답한 것은 이 250회 중의 1회인 셈이다. 위의 그림을 보면 알 수 있듯이, 이 250회 가운데 여러분의 작품이 당선된 횟수는 50회에 불과하다. 나머지 200회는 A씨의 작품이 당선되었다. 250회 가운데 50회이므로 확률로 치면 5분의 1이다.

최초의 확률과 비교해보자. 처음에 여러분이 선정될 확률은 4분의 1이었다. 따라서 심사위원이 "B씨의 작품은 떨어졌습니다"

● 처음부터 A씨가 유리한 경연 대회

B씨가 낙선

● 확률은 어떻게 변화할까……

B씨의 낙선 사실을 몰랐을 때가 기대치는 더 높았다……

라고 말한 순간 여러분이 선정될 확률은 오히려 줄어들고 말았다. 전화를 걸어 결과의 일부를 물어보지 않는 편이 차라리 나았던 것이다.

● "다수회 시행"으로 몬티 홀 문제를 생각한다

그러면 다수회 시행을 이용해서 몬티 홀 문제를 다시 한번 생각해보자. 이번에는 300회 시행했다고 가정한다. 이 경우 A–C의 문이 정답일 확률은 각각 100회이다. 그리고 여러분은 모든 횟수에서 A문을 선택했다고 가정한다.

● 정답이 A문일 때, 몬티 홀이 C문을 열 확률

이때 몬티 홀은 무작위로 B문과 C문 중에서 여러분에게 보여줄 문을 선택하므로 C문을 여는 횟수는 50회이다.

● 정답이 B문일 때, 몬티 홀이 C문을 열 확률

정답이 B문일 경우, 참가자가 선택한 A를 열 수는 없으므로 몬티 홀은 100퍼센트 C문을 연다. 요컨대 100회이다.

● 정답이 C문일 때, 몬티 홀이 C문을 열 확률

정답인 문을 열 수는 없으므로 0회이다.

결국 몬티 홀이 C문을 여는 횟수는 전부 150회이다. 이 가운데 A가 정답인 횟수는 50회이므로 확률은 150분의 50, 즉 3분의 1이다. 역시 같은 결과가 도출된다는 것을 알 수 있다.

도박사의 갈등

갑작스러운 요청이지만, 종이에 1 아니면 0을 적당히 100개 적기 바란다. 100개가 많으면 50개라도 좋으니 펜으로 쓰면서 다음의 사고실험을 읽어보자.

*

어느 카지노에 룰렛을 즐기는 도박사가 있었다. 그런데 그 사내가 온 뒤로 전부 빨간색만 나왔다. 자그마치 여덟 번이나 연속이었다.

"……아니, 또 빨간색이야!? 벌써 여덟 번이나 연속해서 빨간색이 나왔어! 세상에 이런 일이 다 있나……. 그렇다면 이번에는 검은색이겠지. 여덟 번 연속해서 빨간색이었으니까 슬슬 검은색이 나올 차례가 되었어. 아니, 잠깐. 빨간색과 검은색이 나올 확률은 항상 반반이잖아? 하지만 여덟 번 연속은 기적이라고밖에 할 말이 없으니 역시 이번에는 검은색이겠지. 검은색에 걸자."

그러나 9번째 게임도 도박사의 예상을 멋지게 배신했다.

"뭐야? 아홉 번 연속 빨간색이라고!? 이런 경우는 본 적도 없어. 이게 무슨 하늘의 장난이란 말인가……."

도박사는 다시 깊은 생각에 잠겼다.

"하지만 이번에는 분명히 검은색이겠지. 이런 기적이 계속될 리가 없잖아? 이 이상 빨간색이 계속 나오는 건 있을 수 없는 일이야! 적어도 빨간색보다는 검은색에 거는 편이 조금은 유리한 상태일 거야. 빨간색하고 검은색이 나올 확률은 완전히 같지만, 이러면 빨간색이 나올 확률이 더 높아진다고."

10번째 게임에서 검은색이 나올 확률은 빨간색보다 조금이라도 높을까?

1번째

2번째

3번째

4번째

5번째

6번째

7번째

8번째

9번째

? 10번째

냉정하게 생각하면 다음에 빨간색이 나올 확률과 검은색이 나올 확률은 모두 2분의 1임을 직감적으로 알 수 있을 것이다. 이 도박사는 이상한 사고에 빠져 있다. 다만 9번이나 연속으로 빨간색이 나오는 것은 분명히 조금 부자연스러운 일이며, 기적이라고 느낄 수도 있지 않을까?

가령 다음에도 빨간색이 나와서 10번 연속이 되었다고 가정하면 확률적으로는 1,024분의 1의 현상이다. 요컨대 상당히 낮은 확률이다.

● 【계산식】

1번째에 빨간색이 나올 확률 …… 1/2

2번째에 빨간색이 나올 확률 …… $1/2 \times 1/2 = 1/4$

3번째에 빨간색이 나올 확률 …… $1/4 \times 1/2 = 1/8$

4번째에 빨간색이 나올 확률 …… $1/8 \times 1/2 = 1/16$

5번째에 빨간색이 나올 확률 …… $1/16 \times 1/2 = 1/32$

6번째에 빨간색이 나올 확률 …… $1/32 \times 1/2 = 1/64$

7번째에 빨간색이 나올 확률 …… $1/64 \times 1/2 = 1/128$

8번째에 빨간색이 나올 확률 …… $1/128 \times 1/2 = 1/256$

9번째에 빨간색이 나올 확률 …… $1/256 \times 1/2 = 1/512$

10번째에 빨간색이 나올 확률 …… $1/512 \times 1/2 = 1/1024$

그러나 생각해보면 카지노에서는 매일 수없이 룰렛을 돌리고 있으므로 1,024분의 1의 확률로 일어나는 현상 정도는 어느 정도 빈번하게 일어나더라도 이상하지 않다. 그 도박사는 우연히 그 자리에 있었을 뿐이다.

설령 10번째에 도박사가 생각한 대로 검은색이 나온다고 해도 9번 연속으로 빨간색이 나온 뒤에 검은색이 나올 확률을 계산하면 역시 1,024분의 1이 나온다.

9번째에 빨간색이 나올 확률……$1/256 \times 1/2 = 1/512$

10번째에 검은색이 나올 확률……$1/512 \times 1/2 = 1/1024$

인간은 이와 같이 냉정하게 생각해보면 금방 알 수 있는 사실에 대해서도 분위기에 휩쓸려 잘못된 판단을 종종 내리곤 한다. 왜 인간은 10번 연속으로 빨간색이 나오는 것을 기적이라고 느낄까?

예를 들면 "빨간색, 검은색, 검은색, 빨간색, 검은색, 빨간색, 빨간색, 빨간색, 검은색, 검은색"이 나온다면 어떨까? 왠지 자연스럽게 느껴질 것이다. 적어도 10번 연속으로 빨간색이 나오는 것보다는 확률이 높아 보인다.

어느 쪽이 더 진기한 현상일까?

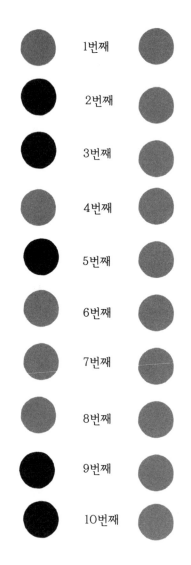

1번째

2번째

3번째

4번째

5번째

6번째

7번째

8번째

9번째

10번째

그러나 확률을 계산해보면 양쪽 모두 1,024분의 1의 확률로 일어나는 현상이다. 같은 확률인데도 빨간색이 10회 연속해서 나오면 기적이라고 말하고 빨간색과 검은색이 섞여서 나오면 전혀 신기하게 생각하지 않는다.

이 사고실험의 앞머리에서 여러분에게 무작위로 1과 0을 100개 써보라고 말했는데, 지금 여러분이 적은 내용을 한번 살펴보기 바란다. 대부분은 1 또는 0을 6~7개씩 연속해서 적지 않는다. 그러나 실제로 동전 던지기나 주사위 던지기 등을 이용해서 실험해보면 의외로 같은 수가 연속해서 나오기 마련이다. 때로는 도박사의 이야기에서처럼 9~10번 연속으로 나올지도 모른다. 그러나 종이에 무작위로 적으라고 하면, 대다수의 사람들은 부자연스러울 정도로 불규칙적인 숫자 배열을 만든다.

무작위로 숫자를 나열하라고 하면 빨간색이 10번 연속해서 나올 확률보다 빨간색과 검은색이 섞여서 나올 확률이 더 높다고 느끼고 실제보다 더 불규칙한 배열을 만든다. 왜 그럴까? 그 이유는 그것이 전형적인 무작위라는 선입관을 가지고 있기 때문이다. 말하자면 무작위계의 대표 선수인 셈이다. 사람들은 그런 대표 선수들이 등장할 확률이 더 높으며, 그렇지 않은 현상은 잘 일어나지 않으리라고 생각한다.

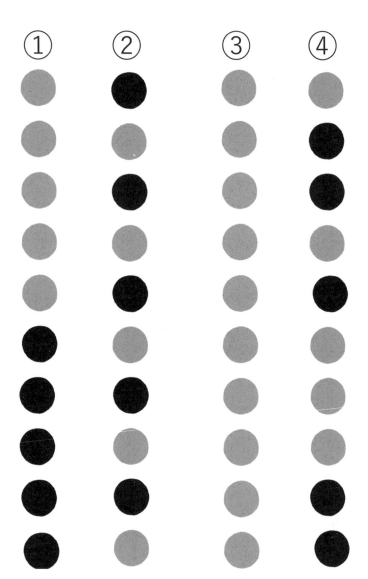

이 4개의 배열 가운데 어떤 배열이 가장 높은 확률로 나올 것 같은가? 지금까지 설명을 했으므로 이제는 확률이 모두 같음을 알겠지만, 직감적으로만 생각하면 2 또는 4라고 대답하고 싶어질 것이다.

지나가는 사람에게 이 4개의 배열을 보여주고 "어느 배열이 나오기 쉬울 것 같나요?"라고 물어보면 4가 가장 많은 표를 받고 다음은 2, 1일 것이며 3이 가장 인기가 없을 것이다. 그 이유는 4가 가장 불규칙적이기 때문이다.

그러면 같은 종류의 사고실험을 하나 더 살펴보자.

트럼프의 기적

어느 날 아침, 어떤 옷을 입을지 고민하던 레이코는 트럼프 카드로 입을 옷을 결정하자고 생각했다.

"쓸데없이 고민해봤자 시간만 흘러갈 뿐이니 트럼프에 내 운을 맡겨보는 게 어떨까? 트럼프 카드 다발에서 카드를 4장 뽑아서 빨간색 카드의 수가 세 장이나 네 장이면 새로 산 옷을 입고 나가자. 만약 한 장이나 두 장이면 이 옷을 입고."

레이코는 즉시 트럼프 카드 다발에서 무작위로 카드 4장을 뽑았다. 그러자 신기한 일이 일어났다. 뽑은 카드가 하트 A와 스페이드 A, 클로버 A, 다이아 A였던 것이다. 요컨대 빨간색 카드가 두 장 나왔지만, 레이코에게 그런 것은 아무래도 상관없는 일처럼 느껴졌다. 그보다 훨씬 더 기적 같은 일이 눈앞에서 일어났기 때문이다.

트럼프 카드 중에서 무작위로 4장을 뽑았는데 에이스가 4장 나왔다면 어떤 느낌이 들까? 어쨌든 신기한 일이 일어난 것만큼은 분명하다고 생각하지 않을까?

그렇다면 역시 무작위로 4장을 뽑았는데, "스페이드 3, 다이아 8, 다이아 11, 하트 2"가 나왔다면 어떨까? 이번에는 아무런 감흥도 없을 것이다. 무작위로 뽑았을 때에 흔하게 나오는 카드 배열이라고 느껴지기 때문이다. 도박사의 사고실험에서 언급했던 "무작위계의 대표 선수"가 나타난 것이다. 4장을 무작위로 뽑으면 대체로 이런 식이라고 느낀다. 4장 모두 에이스일 경우와 같은 확률로 일어나는 현상임에도 말이다.

사람은 자연현상에서 부자연스러울 정도로 불규칙성을 추구한다. 그러나 실제로는 빨간색이 10번 연속해서 나오는 것도 자연스러운 일이고, 트럼프에서 같은 숫자가 모일 때도 있으며, 로또 당첨 번호가 "1, 2, 3, 4, 5, 6"이 나오더라도 이야깃거리는 되겠지만 이상한 일은 아니다.

어떤 결과든 일어날 확률은 같다. 이 점을 착각하지 않도록 주의하기 바란다.

카드의 앞면과 뒷면

먼저 다음의 문제를 풀어보기 바란다.

*

여기에 A부터 F까지 6장의 카드가 있다. 카드에는 다음과 같은 법칙이 있다.

〔법칙〕

● 짝수가 적힌 카드의 뒷면에는 반드시 하트가 그려져 있다.

모든 카드에 이 법칙이 적용된다는 점을 확인하기 위해서 반드시 뒤집어야 하는 카드는 무엇일까? 전부 대답해보자.

답을 생각했는가? 그 답을 기억해두기 바란다. 이 문제가 쉽게 이해되도록 다른 문제를 하나 더 준비했다. 이 문제의 해설을 보기 전에 먼저 다음 문제를 생각해보자.

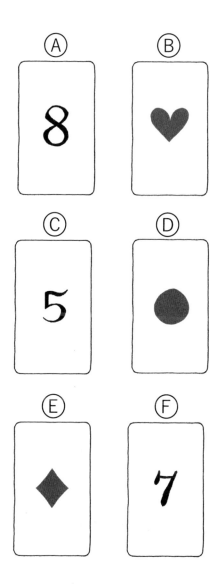

조건을 확인하기 위한 질문

스마일 학원에는 영어 회화 강사가 되려면 영어권 나라에서 2년 이상 생활한 경험이 있어야 한다는 조건이 있다. 이 조건이 제대로 지켜지고 있는지 확인하기 위해서는 A-D 중 누구에게 영어권 나라에서 2년 이상 생활했는지, 또는 스마일 학원에서 강사로 일하고 있는지 물어보아야 할까?

A씨 …… 스마일 학원의 영어 회화 강사

B씨 …… 미국에서 10년 동안 생활했다

C씨 …… 해외에서 생활한 경험이 없다

D씨 …… 잡화점 점원

앞의 문제보다 구체적인 예이므로 이해하기 쉬울 것이다. A씨
부터 순서대로 한 명씩 생각해보자.

먼저, A씨에게는 "영어권에서 2년 이상 생활하셨습니까?"라고
물어볼 필요가 있다. 영어권에서 2년 이상 생활한 것이 스마일
학원의 강사로 일하기 위한 조건이므로 이것을 확인할 필요가
있는 것이다.

이어서 B씨의 경우는 어떨까? B씨는 미국에서 10년 이상 생활
한 경험이 있다. 따라서 스마일 학원의 영어 회화 강사가 될 자
격은 충분하다. 그렇다면 "스마일 학원의 영어 회화 강사입니
까?"라고 물어볼 필요가 있을까? B씨는 조건을 만족할 뿐 어
떤 직업을 가지든 본인의 자유이다. 따라서 질문할 필요는 없다.

C씨는 어떨까? C씨는 해외 생활을 한 경험이 없다. 따라서 스
마일 학원의 영어 회화 강사가 될 수 없다. 즉 C씨에게 "스마일
학원의 영어 회화 강사입니까?"라고 질문했을 때, "네"라는 대답
이 돌아온다면 스마일 학원이 조건을 제대로 지키지 않고 있다
는 뜻이다. 요컨대 질문을 할 필요가 있다.

이제 D씨가 남았는데, D씨에게는 질문할 필요가 없음을 직감
적으로 알 수 있다. 잡화점 점원이므로 스마일 학원과는 아무런

관계가 없기 때문이다.

그러므로 이 문제의 정답은 A씨와 C씨이다.

이 문제는 앞에서 제시한 트럼프 카드 문제의 워밍업용으로 준비한 것이다. 이제 어느 정도는 카드 문제를 이해하기가 수월해졌을 것이다. 그러면 카드 문제의 해설로 넘어가자.

이번에도 A카드부터 한 장씩 생각해보자.

8

● A(8)를 뒤집을 필요가 있는가?

"짝수가 적힌 카드의 뒷면에는 반드시 하트가 그려져 있다"가 법칙이므로 짝수인 8의 뒷면에는 하트가 그려져 있어야 한다. 따라서 이를 확인하기 위해서는 A카드를 뒤집을 필요가 있다.

♥

● B(♥)를 뒤집을 필요가 있는가?

B의 경우, 직감적으로 생각하면 틀리기 쉽다. "짝수가 적힌 카드의 뒷면에는 반드시 하트가 그려져 있다"라는 조건을 보고 하트 그림의 뒷면에는 반드시 짝수가 적혀 있어야 한다고 착각하기 쉬운 것이다. 그러나 조건에는 "짝수가 적힌 카드의 뒷면에는 반드시 하트가 그려져 있다"라고 적혀 있을 뿐, "하트가 그려진 카드의 뒷면에는 반드시 짝수가 적혀 있다"라고는 적혀 있지 않다. 홀수가 적힌 카드의 뒷면에 하트가 그려져 있더라도 모든 짝수의 뒷면이 하트 그림이라면 문제가 없는 것이다.

즉, 하트 그림의 뒷면은 홀수든 짝수든 상관이 없으므로 뒤집어서 검증할 필요는 없다.

● C(5)와 F(7)를 뒤집을 필요가 있는가?

5와 7은 홀수이다. 조건에는 홀수에 관한 언급이 전혀 없다. 조건에 아무런 언급이 없는 이상 홀수의 뒷면이 하트든 다른 그림이든 상관이 없으므로 검증할 필요는 없다.

● D(●)와 E(◆)를 뒤집을 필요가 있는가?

"짝수가 적힌 카드의 뒷면에는 반드시 하트가 그려져 있다"라는 조건이므로 ●가 그려진 카드의 뒷면이 짝수일 경우 조건에 위배된다. 이것은 E카드도 마찬가지이다.

따라서 D카드와 E카드는 뒤집어서 검증할 필요가 있다.

그러므로 카드 문제의 답은 A, D, E가 된다. 아마도 A와 B라고 생각한 사람이 많지 않을까 싶다.

실제로 내가 주변 지인 대여섯 명에게 문제를 내본 바로는 모두가 A와 B라고 대답했다. 또한 다른 자리에서 이 문제를 냈을 때도 상대는 A와 B라고 대답했고, 답을 알려주자 웃으면서 "이거 제대로 걸려들었네!"라고 말했다. 그만큼 틀리기 쉬운 문제인 것이다. 물론 매우 틀리기 쉬운 문제라고 사전에 단서를 달거나 틀리기 쉬운 문제일지도 모른다고 생각하도록 분위기를 조성하는 등 경계심을 불어넣었다면 틀릴 확률은 낮아졌을 것이다.

사람은 어떤 법칙이 있을 때 그 법칙이 적용되는 예는 비교적 잘 찾아내지만, 반대로 적용되지 않는 예를 생각하고 주의 깊게 사고하는 데에는 익숙하지 않은 듯하다.

유사한 사고실험을 하나 더 소개하겠다. 조금 복잡하므로 실제 상황을 상상하면서 생각해보기 바란다.

주문서의 뒷면

어느 카페에서는 매달 10일에 카페를 방문한 여성 손님들에 한해서 디저트 메뉴를 반값에 할인하여 제공하고 있다. 그래서 매달 10일에는 대부분의 여성 손님들이 디저트 메뉴를 주문한다.

7월 10일의 영업이 끝난 뒤, 한 종업원이 점장에게 말했다.

"대단하네요. 오늘은 커피를 주문하지 않은 여성 손님 전원이 디저트 메뉴를 주문했어요."

여기에 주문서가 7장 있다. 종업원에 따르면 이 주문서들은 전부 혼자 온 손님의 것이라고 한다. 주문서의 뒷면에는 손님의 성별이 손 글씨로 적혀 있으며, 앞면에는 물론 주문한 메뉴가 기재되어 있다.

종업원의 말이 옳은지 확인하기 위해서는 어떤 주문서를 반드시 뒤집어보아야 할까?

조금 복잡할지도 모르지만 잘 생각해보기 바란다.

A와 B는 뒷면에 메뉴가, C-G의 뒷면에는 손님의 성별이 적혀 있다.

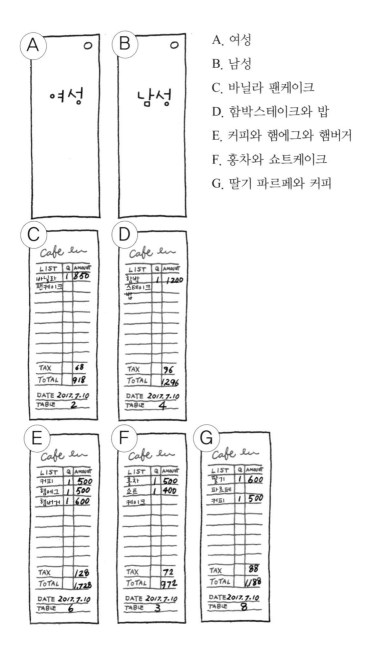

A. 여성

B. 남성

C. 바닐라 팬케이크

D. 함박스테이크와 밥

E. 커피와 햄에그와 햄버거

F. 홍차와 쇼트케이크

G. 딸기 파르페와 커피

"커피를 주문하지 않은 여성 손님 전원이 디저트 메뉴를 주문했다"라는 말이 옳은지 확인하기 위한 작업임을 염두에 두고 A 부터 순서대로 상상해보기 바란다.

하나씩 사고실험을 해보자. 먼저, "커피를 주문하지 않은 여성
손님 전원이 디저트 메뉴를 주문했다"라는 문장을 시각화할 수
있도록 표로 나타냈다.

이것을 보면 생각하기가 훨씬 수월해질 것이다.

● 만약 A의 뒷면이 디저트 메뉴 또는 커피가 아니라면

　A주문서에는 여성이라고 적혀 있다.

만약 앞면에 "오므라이스"라고만 적혀 있다면 어떻게 될까? 종
업원이 한 말과 모순된다. 커피를 주문하지 않은 여성 손님들 모
두가 디저트 메뉴를 주문했을 터이므로 커피를 주문하지 않았다
면 "바닐라 아이스크림"이라든가 "슈크림" 등 디저트 메뉴가 적

혀 있어야 한다.

만약 "커피와 미트 스파게티"라든가 "커피 단품" 등 커피가 주
문되어 있다면 디저트 메뉴가 없어도 괜찮다. 즉, 검증의 필요성
이 있으므로 A는 뒤집을 필요가 있다.

● 만약 B의 뒷면이 디저트 메뉴 또는 커피가 아니라면

남성 손님이 무엇을 주문했든 종업원의 말과는 관계가 없다.
디저트 메뉴를 주문했든 커피를 주문했든 상관이 없으므로 B의
주문서를 뒤집을 필요는 없다.

● 만약 C의 뒷면이 여성이 아니라면

바닐라 팬케이크는 디저트 메뉴이다. 종업원은 "커피를 주문
하지 않은 여성 손님 전원이 디저트 메뉴를 주문했다"라고 말했
다. 분명히 커피는 주문하지 않았으며, 뒷면에 여성이 적혀 있으
면 종업원의 말과 합치한다. 다만 남성 손님이 디저트 메뉴를 주
문하지 않았다는 말은 없으므로 뒷면에 남성이라고 적혀 있더라
도 문제는 없다.

이것은 틀리기 쉬운 선택지인데, 남성이든 여성이든 상관없으
므로 뒤집을 필요는 없다.

● 만약 D의 뒷면이 여성이 아니라면

D주문서의 손님이 주문한 것은 "함박스테이크와 밥"이다. 디

저트 메뉴와 관계가 없으므로 뒤집을 필요는 없다……고 생각한 사람은 조금 더 깊게 사고할 필요가 있다.

D주문서의 뒷면에 "여성"이라고 적혀 있으면 어떻게 될까? 커피를 주문하지 않은 여성 손님 모두가 디저트 메뉴를 주문했어야 하므로 "함박스테이크와 밥"이라고 적힌 주문서는 남성 손님의 것이어야 한다. 즉, D주문서는 뒤집어서 확인할 필요가 있다.

● 만약 E의 뒷면이 여성이 아니라면

E주문서의 손님이 주문한 것은 "커피와 햄에그와 햄버거"이다. 커피를 주문했으므로 여성 고객이라고 해도 조건에 위배되지 않는다. 따라서 E주문서는 뒤집을 필요가 없다.

● 만약 F의 뒷면이 여성이 아니라면

F주문서의 손님이 주문한 것은 "홍차와 쇼트케이크"이다. 디저트 메뉴를 주문했고 커피는 주문하지 않았으므로 여성 손님이 주문했다면 조건에 부합한다.

그러나 C와 마찬가지로 남성 손님이 주문했더라도 문제가 없으므로 이 주문서를 뒤집을 필요는 없다.

● 만약 G의 뒷면이 여성이 아니라면

G주문서의 손님이 주문한 것은 "딸기 파르페와 커피"이다. 이 손님은 커피를 주문했는데 디저트 메뉴도 주문했다. 종업원의

말에는 커피를 주문한 손님에 관한 언급이 없으므로 커피를 주문한 시점에 무엇을 추가로 주문했든 중요하지 않으며, 남성 손님이든 여성 손님이든 상관이 없다. 따라서 G주문서는 뒤집을 필요가 없다.

카드 문제보다 조건이 조금 복잡해서 혼란스러웠을지도 모르지만, 카드 문제보다 실제 사례를 상상하기가 용이하기 때문에 조금 더 쉽게 이해할 수 있지 않았을까 싶다.

2개의 봉투 (1)

한 사내가 여러분에게 봉투 2개를 내밀었다. 두 봉투는 겉으로 보기에는 전혀 다른 점이 없으며, 만져봐도 구별이 되지 않는다.

사내가 말했다.

"이 두 봉투 중 하나를 드리겠습니다. 각 봉투에는 숫자가 적힌 종이가 한 장 들어 있습니다. 그 종이에 적힌 액수만큼 돈을 받으실 수 있습니다. 다만, 한 봉투에는 다른 봉투보다 두 배 많은 액수가 적혀 있습니다. 그러니 잘 생각해서 선택하시기 바랍니다."

여러분은 전혀 구별이 되지 않는 두 봉투 중에서 하나를 선택했다.

그러자 사내가 말했다.

"그 봉투를 선택하시겠습니까? 지금 결정을 바꾸셔도 됩니다. 다시 한번 말씀드리지만, 한 봉투에는 다른 봉투보다 두 배 큰 액수가 적혀 있습니다. 그러니까 봉투를 바꿀 경우, 받게 될 금액은 두 배로 불어나거나 절반으로 줄어듭니다. 바꾸는 것이 좋을지 바꾸지 않는 것이 좋을지 시험 삼아 계산해보시면 어떻겠

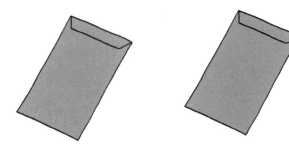

선택을 바꾸는 것이 이익이다?

습니까? 저는 계산이 끝날 때까지 이곳에서 기다리겠습니다."

여러분은 생각에 잠겼다.

"아무리 생각해봐도 무엇을 고르든 차이가 없잖아……? 더 높은 금액이 적힌 종이가 들어 있을 확률은 두 봉투 모두 같아. 그러니까 확률은 틀림없이 2분의 1이야. 봉투를 바꿔도 확률은 같으니까 굳이 바꿀 필요는 없겠지. 하지만 뭐, 기다려준다고 했으니 계산을 해서 확인해볼까?"

여러분은 직접 기댓값을 계산해보기로 했다.

기댓값이란 일어날 수 있는 값의 평균치이다. 이 경우는 봉투의 교환을 수없이 실시했을 때에 평균적으로 받을 수 있을 액수를 의미한다. 대충 이 정도는 받을 수 있겠다는 예상이라고 생각하면 이해가 쉬울 것이다.

예를 들면 한 번 도전할 때마다 50엔을 내고 가위바위보를 해서 이기면 100엔을 받을 수 있는 게임이 있다고 가정하자. 이 게임에 도전할지 말지는 돈을 벌 가능성이 있느냐 없느냐에 따라서 달라질 것이다. 잠시 계산을 해보자. 가위바위보에서 이길 확률은 3번 중 1번이다. 요컨대 30번을 하면 10번 정도는 이길 수 있을 것이다. 따라서 1,500엔을 내고 30번 도전하면 10번 승리해서 1,000엔을 받을 수 있을 것으로 전망된다.

바로 이것이 기댓값이다. 이렇게 생각하면 이런 게임은 하지 않는 것이 상책이다.

기댓값은 "얻을 수 있는 값"과 "그 값을 얻을 확률"의 곱이므로 봉투의 기댓값은 다음과 같이 구할 수 있다.

처음에 선택한 봉투(이후 처음 봉투) 속에 들어 있는 종이에 적힌 숫자를 X라고 하자. 그러면 다른 봉투에 들어 있는 종이에 적힌 숫자는 2X 또는 0.5X이다. 처음 봉투를 바꾸지 않을 경우, 여러분이 받을 금액은 X로 결정된다. 봉투를 바꿨을 경우에는 2배인 2X 또는 절반인 0.5X가 된다.

각각에 대해서 받을 수 있는 금액의 기댓값을 계산해보자. 처음 봉투를 바꾸지 않을 경우는 반드시 X엔이 되므로 기댓값은 X엔이다. 한편 다른 봉투로 바꿨을 경우의 기댓값은 다음과 같다.

$$2X \div 2 + 5X \div 2 = 1.25X$$

기댓값은 1.25배만큼 커진다. 그렇다면 바꾸는 편이 이익일까?

이해하기 쉽도록 구체적인 금액을 적용하여 살펴보자. 처음 봉

투에 적힌 금액이 2만 엔이라면 다른 봉투에 적힌 금액은 1만 엔
또는 4만 엔이다.

1만 엔 또는 4만 엔이라는 말은,

$$1 \div 2 + 4 \div 2 = 2.5$$

이므로 받을 수 있는 금액의 기댓값이 2만5,000엔(2만 엔의 1.25
배)이라는 뜻이다. 처음 봉투를 고수할 때보다 평균적으로 5,000
엔이나 더 많이 받을 수 있게 된다.

그런데 이상하지 않은가? 분명히 전혀 구별이 되지 않는 두 봉
투 중 한쪽을 선택했는데 선택을 바꾸면 기댓값이 5,000엔이나
오른다니 말이다. 처음 봉투에서 2배가 되면 2만 엔 이득, 절반
이 되면 1만 엔 손해이므로 손해를 보는 금액보다 이익을 보는
금액이 더 많다. 요컨대 로 리스크 하이 리턴(low risk high return)
이다. 전혀 구별이 되지 않는 두 봉투인데도 계산상으로는 선택
을 바꾸는 쪽이 이익인 셈이다.

또한 만약 정말로 기댓값이 상승한다면 여러분이 처음에 다른
봉투를 선택했더라도 바꾸는 편이 이익이라는 뜻이 된다. 다른
봉투 속의 금액이 가령 4만 엔이라면, 처음 봉투 속의 금액은 2
만 엔 아니면 8만 엔이 되며,

$$2 \div 2 + 8 \div 2 = 5$$

이므로 처음 봉투의 기댓값은 5만 엔(4만 엔의 1.25배)이 되기 때

문이다. 처음에 어느 한쪽을 선택했더라도 일단 선택한 다음 바꾸는 편이 낫다는 말이다.

게다가 봉투를 바꾼 뒤에 사내가 "그것으로 결정하셨습니까? 다시 바꾸셔도 됩니다"라고 말한다면 여러분은 다시 같은 계산을 하게 되며, 그러면 이번에도 바꾸는 편이 낫다는 계산 결과가 나와서 원래의 봉투로 돌아가게 된다.

만약 "몇 번이라도 바꾸실 수 있습니다"라고 한다면 영원히 교환을 계속하게 될 것이다. 바꿀 때마다 기댓값이 높아지기 때문이다. 만약 100번을 바꾼다면, 엄청나게 많은 돈을 기대할 수 있을 것이다.

여기까지 읽고 그게 말이 되느냐는 생각이 들었다면 그것은 올바른 직감이다. 분명히 그럴 리가 없다. 이것은 명백히 모순이다. 자, 어디에 문제가 있는 것일까?

계산이 틀린 것일까? 아니다. 계산은 틀리지 않았다.

이 2개의 봉투 문제는 실제와 수학적 지식을 이용한 계산 결과가 다른 문제로서 아직 해결이 되지 않았다는 말이 있을 만큼 어려운 문제이며, 그 정도로 착각을 일으키기 쉬운 문제이기도 하다.

앞에서 한 계산을 다시 한번 살펴보자. 어느 부분에 문제가 있었는지를 곰곰이 생각해보면서 오류를 찾아내보기 바란다. 힌트를 주자면, 계산 자체는 틀리지 않았으며 계산식 자체에 문제가 있다.

적혀 있는 숫자는 X

기댓값은 X엔

적혀 있는 숫자는 2X 또는 0.5X

기댓값은 1.25X

기댓값의 계산

$$2X \div 2 + 0.5X \div 2 = 1.25$$

어딘가에 오류가 있다?

처음에 여러분이 선택한 봉투의 숫자를 X라고 했다. 문제는 바로 이 부분에 있다. 이해하기 쉽도록 실제 금액을 예로 들어서 설명하겠다.

앞의 계산에서는 처음 봉투의 금액을 2만 엔이라고 했을 때, 다른 봉투의 기댓값이,

$$1만 엔 ÷ 2 + 4만 엔 ÷ 2 = 2만5,000엔$$

요컨대 봉투를 바꾸면 기댓값이 5,000엔 증가한다는 결과가 나왔다. 언뜻 맞는 말이라고 느껴질 것이다.

그렇다면 이번에는 반대로 다른 봉투의 금액을 2만 엔이라고 가정하고 계산해보자. 즉, 선택하지 않은 쪽 봉투를 기준으로 생각해보자는 말이다. 다른 봉투에 2만 엔이 적혀 있다면 첫 봉투에는 그 절반인 1만 엔 또는 2배인 4만 엔이 적혀 있을 것이다. 요컨대 이번에는 처음 봉투의 기댓값이 2만5,000엔이 된다.

처음 봉투를 2만 엔이라고 가정하고 생각하면 다른 봉투의 기댓값이 5,000엔 더 많아진다. 한편 선택하지 않은 다른 봉투를 2만 엔이라고 가정하고 생각하면 이번에는 처음 봉투의 기댓값이 5,000엔 더 높다는 계산 결과가 나온다. 어느 봉투를 2만 엔으로 가정하느냐에 따라 바꾸는 편이 좋은가 바꾸지 않는 편이 좋은가에 대한 답이 달라지는 것이다.

왜 이런 일이 일어나는 것일까?

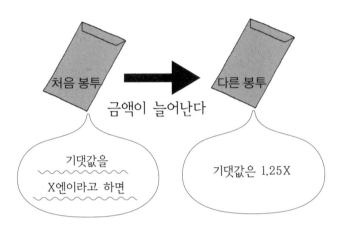

바꾸면 기댓값이 높아지는 경우

처음 봉투 → 다른 봉투

금액이 늘어난다

기댓값을 ~~~~ X엔이라고 하면

기댓값은 1.25X

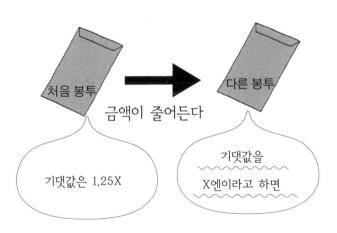

바꾸면 기댓값이 낮아지는 경우

처음 봉투 → 다른 봉투

금액이 줄어든다

기댓값은 1.25X

기댓값을 ~~~~ X엔이라고 하면

어느 쪽이 옳을까?

가장 큰 실수는 계산을 시작할 때의 설정에 있다. 처음 봉투의 금액을 X(또는 2만 엔)로 정해놓은 것이 잘못인 셈이다. 이 경우 처음에 X 또는 2만 엔이라고 정한 쪽의 봉투를 선택하면 손해라는 계산 결과가 나온다. 애초에 봉투를 내민 사내는 "처음 선택한 봉투의 금액을 확인해보셔도 괜찮습니다"라거나 "고르지 않은 쪽 봉투의 금액을 확인해보셔도 괜찮습니다"라고 말하지 않았다. 어느 한쪽 봉투의 금액을 X나 2만 엔과 같이 정해놓아서는 안 되는 것이다.

이렇듯 봉투의 금액을 정해놓으면, 다른 봉투에 처음 봉투의 2배 금액이 적혀 있을 경우 처음 봉투는 2만 엔이고 다른 봉투는 4만 엔이므로 두 종이에 각각 2만 엔과 4만 엔이 적혀 있었던 것이 된다. 한편 다른 봉투에 처음 봉투의 절반 금액이 적혀 있을 경우 처음 봉투는 2만 엔이고 다른 봉투는 1만 엔이므로 두 종이에 각각 1만 엔과 2만 엔이 적혀 있었던 것이 된다. 요컨대 처음 봉투를 고수하는 것이 손해일 경우의 합계 금액이 봉투를 바꾸는 것이 손해일 경우의 합계 금액보다 반드시 크게 나온다.

이렇게 되면 봉투를 바꾸는 편이 이익이냐 바꾸지 않는 편이 이익이냐가 아니라 두 종이에 적힌 금액이 1만 엔과 2만 엔이냐 아니면 2만 엔과 4만 엔이냐의 도박으로도 보인다. 그러나 두 종이에 적힌 금액은 이미 정해져 있으므로 이런 문제는 발생할 수 없다. 따라서 이 사고는 올바르지 않다.

올바른 사고는 "미리 정해진 두 숫자 중에서 지금 어느 쪽을

봉투에 들어 있는 금액의 설정

올바른 계산법 (1)

상황 1 : 받는 금액이 절반이 된다

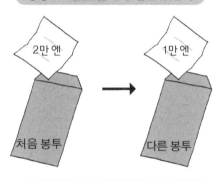

상황 2 : 받는 금액이 2배가 된다

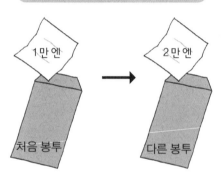

평균을 내면 각각 1.5만 엔이 되며,
직감과 마찬가지로 기댓값은 달라지지 않는다

선택했을까?"이다. 요컨대 처음 봉투의 금액이 1만 엔이고 다른 봉투의 금액이 2만 엔이냐, 아니면 처음 봉투의 금액이 2만 엔이고 다른 봉투의 금액이 1만 엔이냐이다. 이렇게 생각하면 봉투 속에 있는 금액의 합계는 변하지 않으며, 기댓값도,

상황 1 : 받는 금액이 절반이 된다

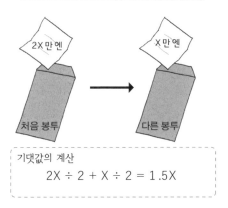

기댓값의 계산

$$2X \div 2 + X \div 2 = 1.5X$$

상황 2 : 받는 금액이 2배가 된다

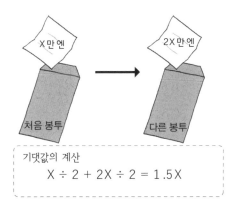

기댓값의 계산

$$X \div 2 + 2X \div 2 = 1.5X$$

1만 엔 ÷ 2 + 2만 엔 ÷ 2 = 1만5,000엔

이 되어 양쪽 모두 같다는 직감과 일치하는 결과가 나온다. 2만
엔과 1만 엔 중 하나를 택하는 것이므로 평균 1만5,000엔을 얻

을 수 있으리라는 계산 결과이다.

그러면 이번에는 X를 사용해서 나타내보자. 2개의 봉투 중 어느 쪽을 처음에 선택하더라도 기댓값은 1.5X가 된다. 바꾸는 편이 이익이라는 결과가 나오지 않았다.

이번에는 다른 방식으로 생각해보자.

2개의 봉투에는 X 또는 2X가 들어 있다. 처음 봉투에 X가 들어 있다면 다른 봉투에는 2X가 들어 있는 것이고, 처음 봉투에 2X가 들어 있다면 다른 봉투에는 X가 들어 있는 것이다. 이것은 관점에 따라서는 "2배"라고 표시된 종이가 어느 한 봉투에 들어 있다고도 생각할 수 있다. 그러면 "봉투를 바꾸면 절반 또는 2배가 된다"라는 생각이 "어느 봉투에 2배 표시가 들어 있을까?"로 변화한다. 이렇게 하면 2배나 절반에 현혹되지 않고 생각할 수 있지 않을까 싶다.

처음 봉투에 2배 표시가 들어 있었다면 다른 봉투로 바꿀 경우 2배 표시를 잃게 되며, 처음 봉투에 2배 표시가 들어 있지 않았다면 다른 봉투로 바꿨을 경우 2배 표시가 들어오게 된다. 그렇다면 봉투를 바꿔야 할까? 답은 "바꾸거나 바꾸지 않거나 확률은 같다"가 된다.

2개의 봉투 문제의 해설은 이것으로 끝이다. 그렇다면 처음에 계산한 오답을 이끌어낸 계산식은 무엇이었을까? 사실 이 계산식이 올바르게 전개되는 문제가 있다. 다음에 소개할 사고실험이 바로 그것이다.

어느 봉투에 2배 표시가 들어 있을까?

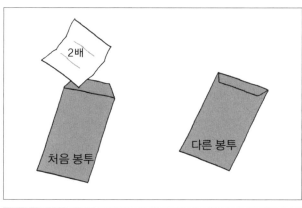

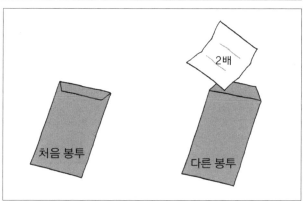

2배 표시가 들어 있는 봉투를 고르면
금액을 2배로 받을 수 있다!

2개의 봉투 (2)

한 사내가 여러분에게 봉투 2개를 내밀었다. 두 봉투는 겉으로 보기에는 전혀 다른 점이 없으며, 만져봐도 구별이 되지 않는다.

사내가 말했다.

"이 두 봉투 중 하나를 드리겠습니다. 각 봉투 안에는 숫자가 적힌 종이가 한 장 들어 있습니다. 그 종이에 적힌 액수만큼 돈을 받으실 수 있습니다. 다만, 한 봉투에는 다른 봉투보다 두 배 큰 액수가 적혀 있습니다. 그러니 잘 생각해서 선택하시기 바랍니다."

여러분은 전혀 구별이 되지 않는 두 봉투 중에서 하나를 선택했다.

그러자 사내가 말했다.

"그 봉투를 선택하시겠습니까? 그러면 그 봉투를 열어보십시오. 오오, 2만 엔이 적혀 있군요. 지금 봉투를 바꾸셔도 되는데, 어떻게 하시겠습니까?"

봉투를 교환하는 편이 기댓값을 높일 수 있을까?

앞의 사고실험과 다른 점은 한 가지, 봉투를 열어서 내용물을 확인했다는 것이다. 결론부터 말하자면 이 행동 하나로 확률이 변화하며, 이번에는 정말로 봉투를 바꾸는 선택으로 기댓값이 상승하게 된다.

"그저 봉투를 열어봤을 뿐인데 기댓값이 변화한다고?" 이런 생각에 왠지 기댓값이 높아진다는 결론이 미심쩍게 느껴질지도 모르겠는데, 이렇게 생각해보자. 177페이지의 그림을 보기 바란다. 처음 봉투를 열어서 그 안에 2만 엔이 적혀 있음을 확인했다면, 그 순간 이 사고가 올바른 것이 된다.

문제의 설정, 즉 전제조건이 바뀌면 답도 달라진다. 처음 봉투

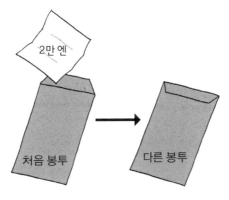

바꾸는 편이 좋을까?

가 2만 엔으로 확정되었다면, 선택한 봉투를 바꾸는 편이 기대치가 높아진다. 봉투를 바꾼 결과 2배가 되면 2만 엔 이익이고 절반이 되면 1만 엔 손해이므로 성공하면 이익이 크고 실패해도 손해는 적은 승부가 되는 것이다.

"이 계산도 앞에서와 마찬가지로 어딘가에 모순이 있는 거 아냐?"라고 생각할지 모르지만, 이번에는 정상이다. 앞에서는 다른 봉투를 처음에 선택했다고 가정하고 계산하면 결과가 역전되었다. 게다가 봉투를 바꿀 때마다 기댓값이 계속 올라가는 기묘한 계산이 되어버렸다.

그러나 처음 봉투를 열어서 2만 엔이 적혀 있음을 확인하면 이와 같은 기묘한 계산은 나오지 않는다. 만약 처음에 다른 봉투를 선택했었다면, 선택을 바꿀 경우 2만 엔이 되는 것이므로 지금 들고 있는 봉투(다른 봉투)의 기댓값은 2만5,000엔이 된다. 한편 처음 봉투는 2만 엔으로 이미 확정되었다. 따라서 바꾸지 않는 편이 이익이라는 계산 결과가 나온다.

요컨대 문제에 두 봉투 중 하나를 열어서 확인해보았더니 2만 엔이었다는 전제조건이 있을 경우는 금액이 확정되지 않은 쪽 봉투를 선택하면 기댓값이 5,000엔 높아진다는 것이 올바른 해답이다.

봉투를 열어서 확인한다는 행동 하나로 인해서 확률이 달라진다고 생각하면 혼란스럽겠지만, 문제의 전제조건이 변화했으므로 답도 당연히 달라진다고 생각하면 이해하기 쉬울 것이다.

엘리베이터의 남녀

여러분은 어느 건물의 최상층인 10층에 있는 레스토랑의 종업원이다. 10층의 식당가에는 손님들이 남녀 동일한 비율로 찾아온다. 남녀의 편차는 전혀 없으며, 어느 시간대에든 남녀의 비율은 변함없이 반반이다.

새롭게 출시한 디저트를 여성 손님에게 권하고 싶은 여러분은 엘리베이터에서 여성이 내리면 누구보다 먼저 말을 걸려고 한다. 1층과 10층만 운행하는 식당가 전용 엘리베이터로서 타고 있는 인원수와 승객의 성별이 표시되는 편리한 기능이 있었는데, 여성 표시등이 고장 나는 바람에 현재는 인원수와 남성이 타고 있는지만 알 수 있다. 엘리베이터의 성별 표시를 확인하고 여성이 타고 있으면 서둘러 엘리베이터 앞으로 달려갔던 여러분에게는 참으로 난감한 상황이다.

"전처럼 여성 손님이 엘리베이터에 타고 있는지도 미리 알 수 있으면 좋을 텐데……."

지금 엘리베이터에 남성이 타고 있다는 표시등이 들어왔다. 인원수는 "2명"이다. 여러분은 엘리베이터에 여성이 타고 있을 확률이 조금이라도 높으면 미리 엘리베이터 앞에 서 있으려고 한다.

이번처럼 적어도 한 사람이 남성임을 알고 있을 때, 여러분은 엘리베이터 앞에 서 있어야 할까?

엘리베이터에 두 명이 타고 있고 그중 한 명이 남성이라고 해서 다른 한 명이 여성일 확률이 2분의 1보다 높아질 수는 없다. 그러므로 굳이 엘리베이터 앞에 서 있을 필요는 없다. 이것이 많은 사람들의 직감적인 판단일 것이다.

한 명이 남성이라고 해도 다른 승객의 성별에는 아무런 영향도 끼치지 못한다. 함께 타고 있는 사람이 있느냐 없느냐 조차도 전혀 상관이 없는 문제이며, 남성이 함께 타고 있다는 이유만으로 또다른 승객이 남성 또는 여성일 확률이 달라진다고는 생각할 수 없다. 남성일 확률과 여성일 확률은 어디까지나 각각 2분의 1일 뿐, 성별을 예상하기는 불가능하다.

이렇게 생각하는 것이 자연스럽다.

그러나 실제로는 함께 탄 승객이 남성이냐 여성이냐에 따라서 확률이 달라진다. 이 문제는 많은 사람들이 생각하는 확률과 실제 확률이 다른 예이다. 실제로 실험을 해보면 알 수 있으며, 확률은 분명히 달라진다.

먼저, 다음 페이지의 그림을 살펴보자. 두 사람의 성별은 그림의 네 가지 조합 중 하나가 된다. 이 문제에서는 사전 조건으로 남성과 여성의 수가 같다고 했다. 이것은 남녀의 수에 차이가 있

남녀의 조합은 네 가지

남성 + 남성

남성 + 여성

여성 + 여성

여성 + 남성

엘리베이터의 바닥 색이 다르다고 생각한다

여성　　　남성　　　남성　　　여성

으면 이 네 가지 조합이 발생할 확률 자체에 차이가 생기기 때문
이다.

"뭐지? 두 번째하고 세 번째는 둘 다 남성 1명과 여성 1명의 조
합이잖아?"라고 생각할지도 모르겠지만, 이 둘을 명확히 나눠서
생각할 필요가 있다.

다음과 같이 생각하면 조금은 이해가 될지도 모르겠다. 엘리
베이터의 왼쪽은 검은색 바닥, 오른쪽은 흰색 바닥으로 되어 있
다. 반드시 두 사람 중 한 사람은 흰색 바닥, 다른 한 사람은 검
은색 바닥에 서게 된다.

이렇게 생각하면 위의 그림의 두 경우가 각각 별개의 상태임을
알 수 있을 것이다. 양쪽 모두 남녀가 1명씩 타고 있지만, 서 있

는 위치에 따라서 두 가지 경우가 있는 것이다.

물론 실제로는 바닥에 색이 칠해져 있지도 않을뿐더러 어디에 서야 하는지도 정해져 있지 않으므로 별로 수긍을 하지 못하는 사람도 있을 것이다. 그렇다면 엘리베이터에 타고 있는 두 사람의 성별을 동전의 앞뒷면으로 치환해서 실험을 해보기 바란다. 동전 2개를 준비해서 던지는 것이다. 100번쯤 반복하면 앞면, 앞면이나 뒷면, 뒷면이 나오는 경우보다 앞면과 뒷면이 1개씩 나오는 경우가 더 많아진다.

동전 2개를 같은 동전으로 취급하면 192쪽의 그림처럼 확률이 편중되어 부자연스러운 결과가 나온다. 그러나 각 동전을 별개의 것으로 간주해서 동전 A가 앞면, 동전 B가 뒷면인 경우와 동

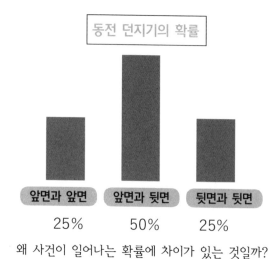

왜 사건이 일어나는 확률에 차이가 있는 것일까?

이렇게 생각하면 차이가 없어진다

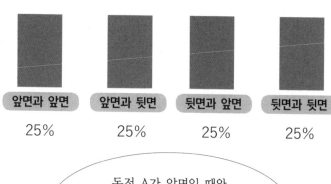

남성 + 남성   **남성 + 여성**   **여성 + 남성**

전 A가 뒷면, 동전 B가 앞면인 경우를 별개의 결과로 생각하면 192쪽의 아래와 같이 모든 사건이 같은 확률로 일어난다고 설명할 수 있게 된다. 이와 마찬가지로 엘리베이터에 타고 있는 2명도 따로따로 생각할 필요가 있다. 그러면 189쪽과 같이 네 가지가 된다.

문제를 보면 엘리베이터에 남성이 타고 있다는 표시등이 들어왔다고 되어 있다. 즉, 엘리베이터에 타고 있는 2명 중 적어도 1명은 남성이라는 말이다. 네 가지 조합 가운데 남성이 적어도 1명 이상 포함되어 있는 조합은 위의 세 가지이다. 남성-남성, 남성-여성, 여성-남성이다. 이 세 가지가 같은 확률로 일어나게 된다. 그렇다면 한 명이 남성일 경우에 나머지 한 명은 남성이거나, 여성이거나, 여성이다. 요컨대 남성일 확률이 3분의 1, 여성일 확

남성 + 남성   **남성 + 여성**   **여성 + 남성**

한 명이 남성이므로 다른 한 명은
남성 1에 대해서 여성 2의 비율이 된다

률이 3분의 2이다. 적어도 한 명이 남성임을 알았을 경우 다른
한 명은 여성일 확률이 2배 높아지는 것이다.

직감으로 사물을 파악하려고 하면 이 사실이 좀처럼 이해하기
어렵겠지만, 계산상, 통계상으로는 분명히 남성일 확률과 여성일
확률이 다르다.

이상한 계산식 (1)

유토는 수학 동아리에서 다음과 같은 이상한 계산식의 증명을 맡게 되었다.

$$1 = 0.9999999\cdots$$

"뭐야, 딱 봐도 틀린 식인데 이걸 어떻게 증명하라는 거지?" 당황한 유토는 아버지에게 도움을 청했다. 그러자 아버지는 이렇게 대답했다.

"그 계산식은 틀리지 않았단다. 조금만 생각해보면 해결의 실마리를 찾을 수 있을 거야."

"$1 = 0.9999999\cdots$가 틀리지 않았다고? 게다가 조금만 생각해보면 해결의 실마리를 찾을 수 있어? 그렇게 간단한 건가?"

유토는 생각에 잠겼다. 그리고 어떤 계산식을 이끌어냈다.

"$1 \div 3 = 1/3 = 0.3333333\cdots$은 분명히 맞아.

$1/3 \times 3 = 1$도 맞고. $1/3 = 0.3333333\cdots$이니까,

$1 = 1/3 \times 3 = 0.3333333\cdots \times 3 = 0.9999999\cdots$!

$1 = 0.9999999\cdots$가 되었어!

하지만 이게 말이 되는 건가? $1 = 0.9999999\cdots$일 리가 없잖아. 대체 어떻게 된 일이지?"

$$1 \div 3 = \frac{1}{3} = 0.3333\cdots$$

1은 3으로 나누면
0.3333…이 돼

$$\frac{1}{3} = 0.3333\cdots$$

이건 맞아

$$0.3333\cdots \times 3 = 0.9999\cdots$$

이것도 맞고

$$\frac{1}{3} \times 3 = 1$$

0.3333… × 3하고
1/3 × 3은 같으니까…

$$1 = 0.9999\cdots$$

이것도 맞는다는 말이야

어떻게 이런 결과가
나오는 거지?

숫자와 현실의 불일치를 경험하는 사고실험   197

유토의 생각은 1을 3으로 나누면 0.3333333……이므로 이것의 3배인 0.9999999……는 1과 같다는 것이다. 그러나 유토는 1 = 0.9999999……가 틀렸다며 거부감을 느꼈다. 왜 이런 결과가 나온 것일까?

직감적으로 생각하면 1 = 0.9999999……에 깊은 거부감이 느껴질 것이다. 실제로 1과 0.9999999……는 다른 수가 아니냐고 생각하는 사람도 있을 것이다. 그러나 유토의 계산에서 잘못된 부분은 어디에도 보이지 않는다.

그렇다면 이것은 어떨까?

$$1 = 0.999999……9$$

아까의 식인 "1 = 0.9999999……"와 같은 식으로 보일지도 모르지만, 이 두 식 사이에는 명백한 차이가 있다. 끝이 정해져 있느냐 정해져 있지 않느냐의 차이이다. 요컨대 유한인가, 아니면 무한인가이다. 1 = 0.9999999……9는 명백히 틀렸다.

그러면 또다른 방식의 계산을 통한 증명을 살펴보자. 200쪽을 보자. 0.9999999……를 A로 놓고 계산해서 결과적으로 A = 1을 이끌어내는 방법이다. 10A = 9.9999……가 된 것에 다소 거부감

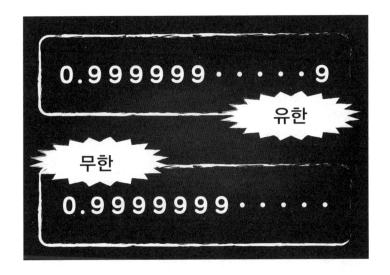

이 느껴질지도 모르지만, 이것이 무한이라고 생각하기 바란다.

앞에서 0.999999……9와 0.9999999……는 다른 수라고 말했다. 이것은 유한(有限)이냐 무한(無限)이냐, 즉 끝이 정해져 있느냐 정해져 있지 않느냐의 차이이다. 이 두 수는 그 사이에 넘을 수 없는 벽이 있는, 완전히 다른 수인 것이다. 무한을 직감적으로 이해하기가 어려운 이유는 현실의 세계에는 무한을 느낄 수 있는 요소가 없기 때문이다.

여러분이 가장 쉽게 이해할 수 있는 것은 다음의 계산이 아닐까 싶다.

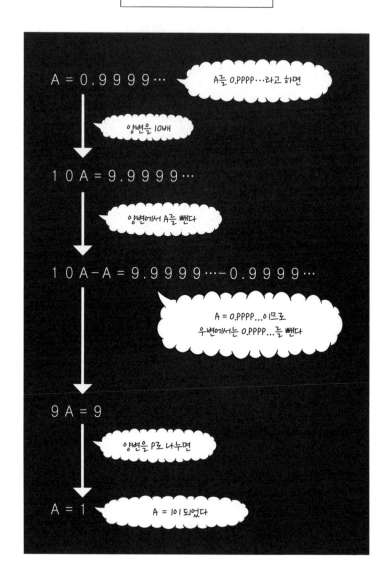

$$1 = 0.999 + 0.001$$

이것은 분명히 올바른 계산식이다.

$$1 = 0.99999999999 + 0.00000000001$$

이것도 올바른 계산식이다. 0.99999999999는 소수점 뒤에 9가 11개 연속되므로 더해서 1이 되는 수는 소수점의 뒤에 0이 10개 연속되다가 마지막으로 1이 나오는 수이다.

그러면 $1 = 0.9999999 \cdots\cdots + A$를 생각해보자. A에 들어갈 수는 무엇일까? 앞에서는 소수점 밑으로 9가 11개 연속되었으므로 더해서 1이 되는 수는 소수점 밑으로 0이 10개 연속되다가 마지막으로 1이 나오는 수였다. $0.9999999 \cdots\cdots$에는 9가 몇 개나 있을까? 물론 무한개이다. 그렇다면 더해서 1이 되는 수는 소수점 다음에 0이 몇 개나 연속되어야 할까? 역시 무한개이다. $0.0000 \cdots\cdots$으로 무한히 0이 이어지는 수를 더하면 1이 되는 것이다. $0.0000 \cdots\cdots$으로 무한히 0이 연속되는 수라면 1은 영원히 나오지 않게 된다. 그렇다면 이것은 0이라고 생각할 수밖에 없다. 그러나 이 수는 분명히 $0.9999999 \cdots\cdots$와 더하면 1이 되는 수이다. 0이라고 생각할 수밖에 없는 수를 더하면 1이 되므로 $0.9999999 \cdots\cdots$도 1이라고 생각할 수밖에 없다.

$A = 0$

$1 = 0.9999999 \cdots\cdots + A$

$1 = 0.9999999 \cdots\cdots$

요컨대 1은 0.9999999……와 같은 수이며, 1을 0.9999999……
라고 쓸 수도 있다는 말이 된다.

수학의 세계는 자연적으로 발생한 것이 아니며, 1이라는 개념
은 인간이 생각해낸 것이다. 그런 까닭에 언뜻 이상하게 생각되
는 식도 수학적으로는 성립되고는 한다. 수학의 법칙에 입각해
서 계산하는 한 1은 0.9999999……와 같은 수이며, 따라서 1을
0.9999999……라고 써도 무방하다. 같은 수일 리가 없다는 생각
은 자연스러운 감정이지만, 수학의 세계에서는 올바른 식이다.

이상한 계산식 (2)

유토는 수학 동아리에서 또 하나의 이상한 계산식과 만났다.

$$2 = 1$$

"2가 1하고 같다고? 그게 무슨 뚱딴지같은 소리야? 이건 분명히 잘못된 계산식이야!" 유토는 이렇게 생각하면서도 그 증명을

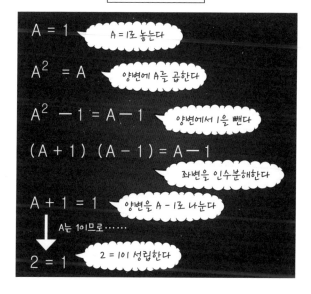

읽어보았다.

"분명히 2 = 1이 됐잖아. 계산은 틀린 데가 없는데……. 그렇다면 2 = 1이란 말야? 아니야. 1하고 2가 같을 리가 없잖아. 1하고 2가 같으면 2하고 3도 같아야 하는데, 그럴 수도 없고 그래서도 안 돼. 대체 어디가 잘못된 것일까?"

유토의 생각대로 계산 자체는 틀리지 않았으며 인수분해도 올바르게 전개되었다. 그럼에도 불구하고 말이 안 되는 결론에 도달했다. 2 = 1은 명백히 틀렸으므로, 계산식의 어딘가에 오류가 있을 터이다. 그렇다면 어디에 오류가 있을까?

　참고로 또다른 계산식을 살펴보자. 중간까지는 2 = 1의 증명과 같지만, 1을 좌변에서 우변으로 이항한 점이 다르다. 그저 이

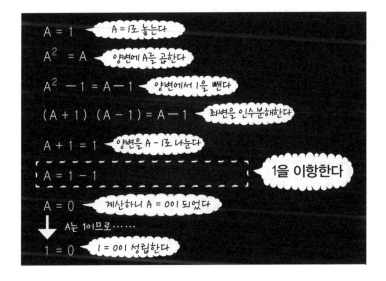

1 = 0임을 증명한다

항을 했을 뿐인데 답이 달라졌다. 이번에는 1 = 0이다. 이항 자체에는 문제가 없으므로 이항 이전의 식 어딘가에 오류가 숨어 있음을 알 수 있다. 하나하나 살펴보자.

첫 번째 줄은 단지 A = 1이라는 설정을 했을 뿐이므로 문제가 없다.

다음은 두 번째 줄이다. 여기부터는 신중하게 생각해보자. 양변에 A를 곱해서 식을 정돈하자 A의 제곱 = A가 되었다. 이 식에는 오류가 숨어 있지 않다.

그러면 세 번째 줄로 넘어가자. 양변에서 1을 뺐을 뿐이다. 세 번째 줄도 올바른 식임을 알 수 있었다.

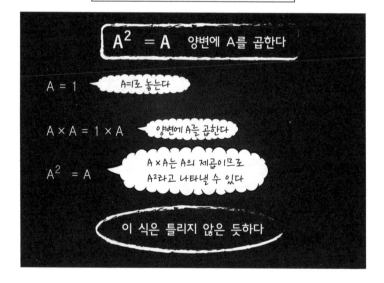

두 번째 줄 : A^2 = A는 올바른가?

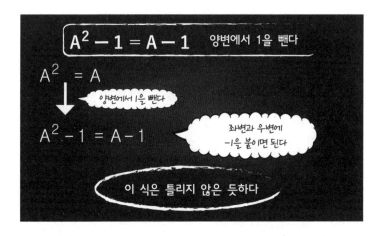

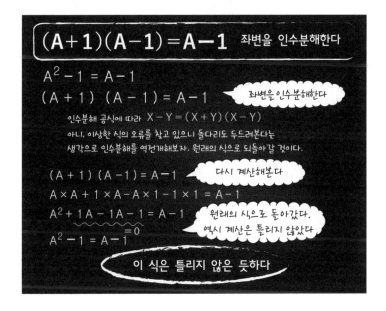

$$A + 1 = 1 \quad \text{양변을 A-1로 나눈다}$$

$$(A + 1)(A - 1) = A - 1$$

$$\frac{(A + 1)(A - 1)}{A - 1} = \frac{A - 1}{A - 1} \quad \text{양변을 A-1로 나눈다}$$

$$\frac{(A + 1)(A - 1)}{(A - 1)} = \frac{(A - 1)}{(A - 1)} \quad \text{알기 쉽게 괄호를 붙인다}$$

$$\frac{(A + 1)\cancel{(A - 1)}}{\cancel{(A - 1)}} = \frac{\cancel{(A - 1)}}{\cancel{(A - 1)}}$$

$$A + 1 = 1$$

이 식은 틀리지 않은 듯하다

다음은 네 번째 줄이다. 인수분해를 했다. 인수분해를 한 뒤에 확인을 위해서 식을 전개해보았지만 오류는 발견되지 않았다. 네 번째 줄도 문제가 없다.

그렇다면 마지막인 다섯 번째 줄에 문제가 있다는 뜻일까? 확인해보자. 양변을 A-1로 나누는 계산식이다. 잘못된 부분을 찾기 위해서 조금 지나칠 정도로 꼼꼼히 계산해보았지만 오류는 발견되지 않았다.

이상하게도 오류가 있어야 할 계산식에서 오류가 발견되지 않았다. 그렇다면 어디에 오류가 있는 것일까?

사실은 양변을 A − 1로 나눈 마지막 계산식에 오류가 숨어 있다. 이 계산식의 오류를 푸는 열쇠는 처음에 A = 1로 설정한 부분이다. 쓸데없이 1을 A로 치환하는 바람에 절대로 해서는 안되는 계산을 자연스럽게 하게 된 것이 바로 이 계산의 문제점이었다.

그러면 이 다섯 번째 줄의 식에서 A를 전부 1로 바꿔보자. 그러면 이 계산식에 0으로 나눈다는 금단의 수법이 교묘히 포함되어 있음을 알 수 있다. 여러분도 학교에서 배웠겠지만, 0으로는 나눌 수 없다.

$10 \div 0 = M$이라고 하면 0을 이항할 경우 $10 = M \times 0$이 되는

$$10 \div 0 = M$$
$$10 \qquad = M \times 0$$

> M × 0은 0 아닌가?

$$0 \div 0 = N$$
$$0 \qquad = N \times 0$$

> N에 어떤 수를 넣어도 성립하게 된다

➡ **0으로 나누면 계산이 이상해진다**

데, 10 = M × 0은 올바른 계산식이 아니다. 또한 이번 식에 나온 0 ÷ 0의 답을 N이라고 하면 0 ÷ 0 = N인데, 뒤쪽의 0을 이항하면 0 = N × 0이 되므로 N에 어떤 수를 넣어도 성립하게 된다.

이와 같이 0으로 나누면 답이 정해지지 않는 이상한 계산이 되고 만다. 그런 까닭에 0으로는 나눌 수 없도록 되어 있다.

그런 0으로 나누는 행위를 했으니 계산이 이상해지는 것은 당연한 일이다. 이것이 이 계산식의 트릭이다.

제4장

부조리한 세상에서 살아남기 위한 사고실험

사고실험에서 처세를 배운다

　제4장에는 다양한 각도에서 깊게 사고할 수 있는 폭넓은 주제의 사고실험들을 한꺼번에 모아놓았다. 철학적인 문제에서부터 일상생활 속에서 반드시 해야만 하는 선택, 또한 선택을 해야 하는 상황을 헤쳐나가기 위한 어려운 판단, 미래를 상상하는 문제에 이르기까지 수많은 사고실험들이 등장한다. 학창 시절에 누구나 경험해보았을 법한 선생님이 예고 없이 시행하는 쪽지시험 같은 일상적인 소재에서부터 바이올리니스트와 자원봉사자의 이야기 같은 사고실험 특유의 비현실적인 세계관을 무대로 한 문제도 있다.

　미래에 대해서 고민해보는 문제들도 여러 가지를 준비했다. 오늘날에는 컴퓨터가 엄청나게 빠른 속도로 발전하고 있다. 그리고 장기적으로는 수많은 일자리가 사람의 손에서 컴퓨터에게로 넘어갈 것으로 예상되고 있다. 고도로 발전된 컴퓨터가 사람의 마음까지 들여다보고 해석할 수 있게 된다면, 미래의 세상은 어떻게 변하게 될까?

　제시된 다양한 상황에서, 나라면 어떻게 생각할지, 어떤 행동을 할지 등 스스로의 마음 깊은 곳에 대한 탐구를 즐겨보기 바란다. 깊은 사고를 반복하는 사이에 때로는 번뜩이는 영감을 얻게 될지도 모른다.

쪽지 시험

 스마일 고등학교 3학년 1반에서 불시에 쪽지 시험이 실시되게 되었다. 3학년 1반의 영어 선생님은 금요일에 수업을 마치면서 이렇게 말했다.

 "다음 주 월요일부터 금요일 사이에 영어 단어 시험을 볼 테니 다들 열심히 공부하도록. 불시에 보는 쪽지 시험이니까 예상하지 못한 날 갑자기 볼 거야. 다들 그렇게 알고 있어."

 방과 후 학급회의 시간이 되었지만 마사루는 아직도 머리를 감싸쥐고 있었다.

 "아아, 쪽지 시험이라니, 진짜 싫은데⋯⋯. 그런 걸 도대체 왜 보는 거지? 그게 무슨 의미가 있느냐고⋯⋯. 그리고 다음 주에 할 거라고 알려준다면 그게 무슨 쪽지 시험이야. 쪽지 시험을 칠 거면 그냥 당일에 말해주고 보면 되잖아. 그래야 평균점도 떨어질 거 아니야!"

 영어 단어 암기에 전혀 자신이 없는 마사루는 쪽지 시험이 너무나도 싫었다.

 "그런데 잠깐, 뭔가 좀 이상한데?"

마사루의 머릿속에서 어떤 생각이 번뜩였다.

"선생님은 예상하지 못한 날 갑자기 시험을 볼 거라고 말씀하셨어. 만약 금요일에 시험을 본다면 어떻게 될까? 그건 목요일까지 시험을 보지 않았다는 말이니까 목요일 수업이 끝난 순간 모두가 내일 시험을 본다는 걸 알게 되잖아. 그리고 모두가 예측한 대로 금요일에 시험을 볼 거야. 선생님의 말씀대로라면 금요일에 시험을 보리라고는 예상하지 못해야 하는데 말이야. 그렇게 되면 선생님이 거짓말을 하신 게 되잖아? 그러니까 금요일에는 시험을 볼 수 없어."

"젠장, 시험일이 앞당겨진 기분이네. 월요일부터 금요일 사이가 아니라 월요일부터 목요일 사이에 시험을 볼 게 분명해졌으니 말이야. 어? 잠깐……. 지금 나는 월요일부터 목요일 사이에 쪽지 시험을 보게 될 거라는 걸 알고 있어. 이 말은 목요일에 시험을 볼 경우 아까와 똑같은 일이 벌어진다는 뜻이잖아? 모두가 월요일부터 목요일 사이에 쪽지 시험을 보게 될 것을 알고 있다면 목요일이 된 순간 오늘 시험을 볼 거라는 걸 알게 되잖아? 그리고 모두가 알고 있는 대로 목요일에 쪽지 시험을 보겠지. 이래서는 쪽지 시험이 아닌 거잖아."

"그렇다면 수요일도 마찬가지가 아닐까? 다들 목요일과 금요일에는 시험을 볼 수 없음을 알고 있으니까 수요일이 되면 오늘 시험을 보게 되리라는 걸 알게 돼. 요컨대 수요일에도 시험을 볼 수 없지 않을까?"

요일	월요일	화요일	수요일	목요일	금요일
시험을 실시할 수 있는가?					✕

금요일에 실시할 수 없는 이유

금요일에 쪽지 시험이 실시된다

‖

금요일은 그 주의 마지막 날이므로
오늘 시험이 있음을 아는 상황에서 시험을 보게 된다

‖

선생님이 말씀하신
"예상하지 못한 날 갑자기 볼 거야"
에 위배된다

‖

금요일에는 쪽지 시험을 실시할 수 없다!

"이렇게 생각하면 화요일에도, 월요일에도 시험을 볼 수 없게 돼. 요컨대 쪽지 시험은 불가능하다는 말이지! 그러니까 쪽지 시험은 없어!"

자신의 추리에 도취된 마사루는 전혀 공부를 하지 않은 채 다음 주를 맞이했다.

그리고 수요일, 교실에 들어온 선생님이 지금부터 쪽지 시험을 보겠다고 말했을 때에 가장 놀란 사람은 바로 마사루였다.

어떻게 쪽지 시험이 실시될 수 있었을까?

다음 주에 쪽지 시험을 실시할 수 없는 이유

요일	월요일	화요일	수요일	목요일	금요일
시험을 실시할 수 있는가?	✕	✕	✕	✕	✕

다른 요일에도 실시할 수 없는 이유

목요일에 쪽지 시험이 실시된다

‖

금요일에는 실시할 수 없음을 알고 있으므로
실행 가능한 요일은 월요일부터 목요일까지이며,
목요일은 그 마지막 날이다

‖

오늘 시험을 볼 것임을 아는 상황에서 시험이 실시된다

‖

선생님이 말씀하신
"예상하지 못한 날 갑자기 볼 거야"
에 위배된다

⬇

다른 요일도 마찬가지이므로
다음 주에 쪽지 시험을 실시할 수 없다!

마사루의 추리는 언뜻 생각해보면 문제가 없어 보인다. 그러나 확실히 잘못된 부분이 한 곳 있다. 그것은 "그러니까 쪽지 시험은 없어!"라고 생각한 부분이다.

선생님이 깜빡하지 않는 이상 쪽지 시험은 반드시 실시될 것이다. 만약 선생님이 깜박했더라도 금요일이 되면 학생 중에서 누군가가 "선생님, 오늘은 쪽지 시험을 봐야 하지 않나요?"라고 말할 것이고, 그. 말에 선생님이 "아, 그랬지. 그러면 지금부터 쪽지 시험을 볼 테니 다들 책을 덮도록"이라고 말하더라도 "이건 쪽지 시험이 아니니까, 시험을 보면 안 돼"라고 생각하는 학생은 없을 것이다.

요컨대 쪽지 시험은 반드시 실시되는 것이다. 왜 마사루의 추리와 다른 결과가 나온 것일까?

선생님이 한 "예상하지 못한 날 갑자기 볼 거야"라는 말의 의미는 마사루의 생각보다 훨씬 더 모호하다. 선생님은 월요일부터 금요일까지 닷새 중 하루에 시험을 실시하겠다는 예정을 말했을 뿐이다. 5분의 1의 확률로 시험을 실시하겠다는 사실을 "예상하지 못한 날 갑자기 볼 거야"라고 표현한 것이다.

여기까지만 생각하면, 마사루의 추리는 옳았지만 교사가 모호

한 언동으로 마사루를 현혹시켰다고도 볼 수 있다. 그러나 마사루의 오산은 이것만이 아니었다.

마사루의 추리에는 커다란 허점이 하나 더 있었다. 그것은 수요일에 쪽지 시험을 보게 되었을 때, 마사루가 가장 놀랐다는 것이다. 물론 마사루는 쪽지 시험이 실시되지 않을 것이라고 생각했었으니 놀란 것도 당연하다. 그러나 이 말은 마사루가 오늘 쪽지 시험을 보는 줄 몰랐다는 뜻이므로, "예상하지 못한 날 갑자기 본다"라는 조건에 부합한다.

결국 마사루는 자신의 추리에 현혹되어 영어 공부를 게을리 한 셈이다.

지금부터 쪽지 시험은 볼 테니 다들 책 덮도록!

뭐라고!? 불가능한 거 아니었어?

수요일에 쪽지 시험이 실시되었다

‖

마사루는 "쪽지 시험은 없다"라고
결론을 내린 까닭에
오늘 쪽지 시험을 보게 될 줄 몰랐다

‖

선생님이 말씀하신
"예상하지 못한 날 갑자기 볼 거야"
가 사실이 된다

‖

수요일에 쪽지 시험을 실시할 수 있다

살기 위한 대답 (1)

이번 실험은 퀴즈 같은 사고실험이다. 장면을 상상하면서 즐겨 보기 바란다.

*

어느 나라의 국왕 앞에 한 사내가 서 있다. 이 사내는 죄를 지어서 사형을 당할 예정이다. 사내는 어떻게든 이 상황을 벗어나고 싶다는 생각에서 국왕에게 호소했다.

"제가 이 나라의 보물을 훔치려고 했던 것은 분명한 사실입니다. 하지만 먹고살려면 어쩔 수가 없었습니다. 그리고 제가 노린 것은 그렇게 대단한 보물도 아니었습니다. 사형은 너무 가혹한 처벌입니다."

조용히 사내의 말을 듣던 왕이 입을 열었다.

"그러냐? 그렇다면 어떻게 죽을지 결정권을 너에게 주마. 화형이 좋을지, 참수형이 좋을지, 아니면 다른 방식이 좋을지 원하는 것을 고르도록 해라. 다만 그대가 고른 방법은 확실히 실행될 것이며, 변경은 일체 허용되지 않는다."

사내는 절망감을 느끼면서도 생각에 잠겼다. 죽음을 피할 수

는 없음이 확실해졌는데, 무모하게도 살기 위해서는 어떤 대답을 해야 할지 궁리하기 시작한 것이다.

병사(病死)를 선택하면 당장 죽지는 않겠지만, 병원균을 주입당하면 오래는 살지 못할 거야. 사고사는 어떨까? 아니, 이것도 소용없어. 사고로 위장해서 죽이는 것쯤 식은 죽 먹기고, 안 그래도 사고가 날 확률이 높은 위험한 일을 시키겠지. 그렇다면 일어날 확률이 매우 낮은 사고는 어떨까? 아니야. 그 사고가 일어날 때까지 영원히 괴로운 실험을 당해야 한다면 그게 무슨 의미가 있겠어? 다른 좋은 방법은 없을까?

이윽고 어떤 결론에 도달한 사내는 왕에게 그 방법을 말했다. 그러자 왕은 고민에 빠졌고, 한 방 먹었다는 표정으로 죄를 사면하고 사내를 석방했다.

이 문제에 답이 있다면 어떤 답을 생각할 수 있을까?

죽는 방법을 결정할 수 있는 권리를 얻은 사내는 살기 위한 대답을 찾기 시작했다. 온갖 방법을 궁리한 결과 가장 행복하게 죽는 방법은 무엇일지 생각했고, 많은 사람이 이상으로 여기는 노쇠(老衰)라는 답에 도달한 것이다.

　노쇠의 경우는 고의로 무엇을 할 수도 없으며 늙을 때까지 기다리기에도 한없이 시간이 걸린다. 그때까지 병으로 죽게 할 수도, 굶어죽게 할 수도 없으므로 일정 수준의 생활을 보장해주어야 한다. 따라서 죄를 사면하고 석방하는 것이 왕에게도 가장 좋은 선택지였을 것이다.

살기 위한 대답 (2)

살기 위한 대답을 찾아내는 사고실험을 하나 더 소개하겠다.

*

여러분 앞에 한 사내가 나타나서는 총구를 들이대며 이렇게 말했다.

"너에게 기회를 주지. 내가 지금부터 무엇을 할지 알아맞힌다면 너를 살려주마. 자, 내가 뭘 할 것 같으냐?"

여러분은 몸을 떨면서 필사적으로 생각을 거듭했다. 그리고 어떤 답을 이끌어냈다.

"당신은 나를 죽일 것이오."

그러자 사내는 얼마 후 조용히 자리를 떴다.

이 대답에는 어떤 의미가 담겨 있을까?

만약 사내가 여러분을 죽인다면 여러분이 말한 "당신은 나를 죽일 것이오"라는 말은 사실이 된다. 여러분이 정답을 말했으므로 그 사내는 여러분을 "살려주어야" 할 것이다. 그러나 이미 죽여버렸기 때문에 명백한 모순이 발생한다.

한편 사내가 여러분을 죽이지 않았을 경우, 사내는 또다시 모순에 빠지게 된다. 여러분은 정답을 맞히지 못했으므로 사내는 여러분을 죽이지 않을 이유가 없어진다. 그러나 방아쇠를 당기면 앞에서와 마찬가지로 여러분이 한 "당신은 나를 죽일 것이오"가 사실이 되고 만다······.

요컨대 어떤 행동을 하더라도 모순이 발생한다.

그래서 사내는 여러분에게 아무 행동도 할 수 없음을 깨닫고 자리를 떠난 것이다.

공범의 자백

인간은 때때로 어리석은 선택을 한다. 이 사고실험은 최선의 선택이 명백히 존재하며 그것을 인식하고 있음에도 불구하고 다른 선택을 하는 경우가 많다는 딜레마를 보여준다.

*

어떤 사건의 용의자로 체포된 A씨와 B씨는 각각 다른 방에서 조사를 받게 되었다. 조사실에서 조사가 시작되었지만 A씨와 B씨 모두 좀처럼 입을 열지 않았다. 그러자 조사관은 이렇게 제안했다.

"A씨, 만약 두 사람이 계속 침묵을 지킨다면 두 사람 모두 징역 2년형을 받게 됩니다. 하지만 당신이 지금 이곳에서 자백을 하고 B씨가 침묵을 지킨다면 조사에 협력해주신 대가로 석방시켜 드리지요. 대신 B씨는 징역 10년형을 받게 됩니다. 반대로 B씨가 자백을 하고 당신은 묵비권을 행사한다면 B씨는 석방되고 당신은 징역 10년형을 받게 됩니다. 그리고 만약 두 사람 모두 자백한다면 함께 징역 6년형을 받게 될 것입니다. 자, 어떻게 하시겠습니까?"

	A씨 침묵	A씨 자백
B씨 침묵	A씨, B씨 모두 징역 2년	A씨 석방 B씨 징역 10년
B씨 자백	A씨 징역 10년 B씨 석방	A씨, B씨 모두 징역 6년

같은 시각, B씨도 똑같은 제안을 받았다.

A씨도 B씨도 함께 묵비권을 행사해서 각자 징역 2년형을 받는 것이 최선임을 알고 있다. 합쳐도 4년으로 끝나므로 다른 제안에 비해서 압도적으로 좋은 조건이다.

다음 날, 고민을 거듭하던 두 사람은 각자 어떤 결론에 이르렀다. 그리고 두 사람의 형기가 확정되었다. 결과는 A씨와 B씨 모두 징역 6년형이었다. 어떻게 이런 결과가 나왔을까?

A씨도 B씨도 처음에는 침묵을 지키려고 했을 것이다. 그러나 상대의 마음속까지는 알 길이 없다. 혼자 자백해서 석방되려는 생각을 하지 않으리라는 보장이 없는 것이다.

A씨는 생각했다.

만약 B씨가 침묵을 지켰다고 가정하자. 그 경우 자신이 자백을 하면 자신은 석방된다. 한편 묵비권을 행사할 경우에는 징역 2년형이 된다. 만약 자신의 안위만을 생각한다면 자백하는 편이 낫다. 그러나 B씨를 생각하면 침묵을 지키고 싶은 마음도 있을 것이다.

이어서 B씨가 자백할 경우를 생각해보자.

B씨가 자백을 선택한 시점에 A씨, 즉 자신의 석방은 불가능해진다. 자신이 B씨와 마찬가지로 자백하면 사이좋게 징역 6년형이다. B씨를 믿고 묵비권을 계속 행사했다가는 B씨의 배신으로 징역 10년형을 받게 된다.

요컨대 자백을 선택하면 적어도 일방적으로 배신을 당해 자신만 징역 10년형을 받게 되는 사태는 피할 수 있다고 생각할 수 있다. B씨를 믿고는 싶지만, 배신당했을 때를 생각하면 역시 묵비권을 계속 행사하는 것은 위험하다고 판단할 수밖에 없다.

B씨가 침묵할 경우에 대한 A씨의 생각

	A씨 침묵	A씨 자백
B씨 침묵	A씨, B씨 모두 징역 2년	A씨 석방 B씨 징역 10년
B씨 자백	A씨 징역 10년 B씨 석방	A씨, B씨 모두 징역 6년

B씨가 침묵할 경우 A씨인 나는 징역 2년 아니면 석방이야. 2년보다는 석방이 더 낫지……

하지만 그러면 B씨는 징역 10년형을 받게 되는 건가…… 음……

B씨가 자백할 경우에 대한 A씨의 생각

	A씨 침묵	A씨 자백
B씨 침묵	A씨, B씨 모두 징역 2년	A씨 석방 B씨 징역 10년
B씨 자백	A씨 징역 10년 B씨 석방	A씨, B씨 모두 징역 6년

B씨가 자백할 경우 A씨인 나는 징역 10년 아니면 6년이야. 하지만 감옥에서 10년씩 써는 건 죽어도 싫어

B씨가 침묵한 경우에도 자백하는 편이 좋고, B씨가 자백할 경우에는 자백밖에 선택지가 없어. 어느 쪽이든 답은 자백인가······

B씨가 자백한다면 선택지는 자백뿐이야!

자신이 자백을 하면 B씨가 자백했더라도 최악의 결과는 피할 수 있으며, B씨가 끝까지 묵비권을 행사했다면 자신은 석방도 될 수 있다. 결국 A씨에게 최적의 선택은 자백이라는 결론이 나오는 것이다.

참으로 재미있는 현상이다. 서로에게 가장 좋은 선택지는 두 사람 모두 침묵을 지키는 것일 터인데, 개인의 시점에서 생각하면 자백이 가장 좋은 선택지로 바뀌는 것이다. 징역 2년과 징역 6년을 놓고 보면 두 사람 모두 함께 징역 2년을 선택하고 싶을 것이고, 상대도 그 사실을 이해하고 있다는 확신이 있음에도 말이다.

또한 자신이 침묵을 지킨 결과 B씨가 석방되고 자신은 가장 무거운 형벌인 징역 10년형을 받게 되는 상황을 생각하면 자신만 징역 10년형을 받기보다는 두 사람이 함께 징역 6년형을 받는 편이 낫다고 느낄 것이다. 일방적으로 배신을 당해 혼자만 비참한 상황에 처하는 것은 단독 범행으로 징역 10년형을 받는 것보다 훨씬 더 견디기 힘든 일이다.

A씨, B씨는 각자 이런 생각 끝에 자백을 선택한 결과, 사이좋게 징역 6년형을 받게 된 것이다.

매리의 방

매리는 색채에 관한 전문지식을 가진 과학자이다. 당연한 말이지만 그녀는 색에 관해서 매우 해박해서, 사과가 빨간 것이나 하늘이 파란 것, 노란색 바나나를 본 사람이 어떤 반응을 보이는지도 알고 있다. 사람이 색을 파악할 수 있는 원리도 물론 알고 있으며, 빨간색과 파란색을 섞으면 보라색이 된다는 사실 등 온갖 색을 만드는 방법도 알고 있다.

그러나 매리에게는 보통 사람들과 다른 점이 한 가지 있다. 그것은 태어났을 때부터 줄곧 특수한 환경에서 살아왔다는 점이다. 매리는 세상이 흑백으로 보이는 특수한 고글을 쓴 채 흑백으로 보이는 방에서 살면서 남들보다 더 많은 공부를 해서 색에 관한 온갖 지식을 습득했다. 즉 매리는 색에 관한 온갖 물리적인 지식을 알고는 있지만, 직접 색을 본 적은 없다는 말이다.

그러던 어느 날, 매리는 고글을 벗고 밖으로 나왔다. 그리고 푸른 하늘, 녹색의 자연, 빨간 사과, 사람들이 입은 다양한 색의 옷 같은 여러 색깔들을 처음으로 보게 되었다. 이때 매리가 무엇을 새로 알게 되었다고 말할 수 있을까?

색에 관한 온갖 지식을 가진 매리가 색을 실제로 보게 되었을 때, 새로 배우는 것이 있을까? 매리는 색을 본 사람이 어떤 반응을 보이는지도 알고 있으며, 장미는 정열적인 붉은색이라든가 하늘은 청명한 파란색이라든가 하는 이미지도 알고 있다.

매리가 난생처음으로 다채로운 색의 세계를 보았을 때에 어떻게 될지를 상상해보기 바란다. 아마도 "와, 이것이 하늘의 파란색이구나. 자연의 녹색은 이렇게 보이는구나" 하는 반응을 보이지 않을까?

그러면 지금부터 실제 세계에서 색을 보았을 때, 매리가 무엇을 얻었는지 생각해보자. 우리가 추운 방에서 난로 불을 쬘 때의 따뜻함, 웅대한 자연을 보았을 때의 가슴 떨림, 100송이의 장미꽃 다발을 보았을 때 받는 선명한 빨간색의 느낌, 상점가에서 추첨을 위해서 구슬이 든 통을 돌릴 때의 두근거림, 마음에 드는 옷의 가격표를 보았을 때의 "뭐가 이렇게 비싸!"라는 충격……. 이런 것들은 전부 주관적인 감각이며, 사람에 따라서 받는 "느낌"이 다를 것이다. 이 주관적인 감각을 감각질(qualia)이라고 부른다.

예를 들면 똑같은 사과를 본 두 사람이 "맛있어 보이는 빨간

색"이라고 생각했을 때, A가 본 "맛있어 보이는 빨간색"과 B가 본 "맛있어 보이는 빨간색"은 사실 다른 색일지도 모른다. 어쩌면 A가 "맛있어 보이는 빨간색"이라고 생각한 색은 B에게는 보라색일 수도 있는 것이다. 그래도 두 사람 모두 사과를 보면 맛있어 보이는 빨간색이라고 말하며, 두 사람 모두 거짓말을 한 것은 아니다.

이 문제의 경우, 색에 관한 온갖 지식을 가지고 있었지만 색에 관한 주관적인 감각은 몰랐던 매리가 "감각질을 배웠다"고 말할 수 있을 듯하다. 어떤 사람이 느낀 사과의 빨간색이 옳다거나 잘못되었다거나 하는 일은 없다. 매리가 배운 감각질 또한 여러분이 가진 감각질과는 다를 것이다.

바이올리니스트와 자원 봉사자

헌혈 자원봉사를 하던 여러분은 겸사겸사해서 혈액 검사를 받았다. 그리고 며칠 후, 갑자기 누군가에게 납치를 당했다. 정신을 차려보니 여러분은 침대에 누워 있었고, 옆에 누워 있는 낯선 남성과 연결관을 통해서 이어져 있었다.

잠시 후, 헌혈을 할 때, 여러분에게 말을 걸었던 사람이 다가오더니 이렇게 말했다.

"옆에 있는 사람은 세계적인 바이올리니스트인데, 신장 질환을 앓고 있어서 생명이 위독한 상태입니다. 지금은 이렇게 당신과 연결되어 있어야만 생명을 유지할 수 있어요. 하지만 9개월 후에 개발이 완료되는 약을 사용하면 병을 고칠 수 있습니다. 그때까지만 도와주실 수 없겠습니까?"

"저를 이용해서 인공 투석을 하는 겁니까? 하지만 반드시 저일 필요는 없을 텐데요. 9개월은 너무 깁니다."

이렇게 반론하자 사내는 말을 이었다.

"혈액 검사 결과 당신의 혈액형이 바이올리니스트의 희귀한 혈액형과 일치함을 알게 되었습니다. 사실은 시간이 걸리더라도 당

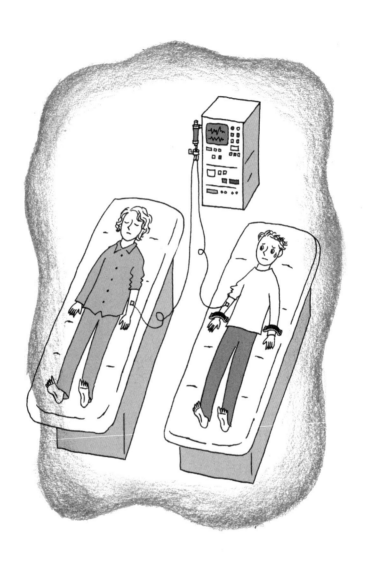

신을 설득하고 싶었지만, 한시라도 빨리 혈액형이 일치하는 사람과 연결하지 않으면 이 바이올리니스트가 목숨을 잃을 상황이었기 때문에 어쩔 수 없었습니다. 이 바이올리니스트는 천재적인 재능의 소유자입니다. 지금 죽게 내버려둘 수는 없습니다. 당신이 연결관을 뽑으면 바이올리니스트는 죽게 됩니다. 물론 도와주시겠지요?"

아무래도 이곳에 있는 사람들은 이 바이올리니스트의 열광적인 팬인 모양이었다.

자, 여러분은 9개월 동안 이 바이올리니스트의 목숨을 살려줄 의무가 있을까? 또한 여러분이라면 연결관을 그대로 내버려두겠는가, 아니면 뽑아버리겠는가?

현실로 눈을 돌려서 생각해보면, 이 행위를 통해서 경제적 이익이 발생하느냐에 따라서도 생각이 크게 달라질 것이다. 다만 여기에서는 어디까지나 자원봉사이며, 여러분은 학생 등 당장은 돈 걱정을 할 필요가 없는 상태라고 생각하기 바란다.

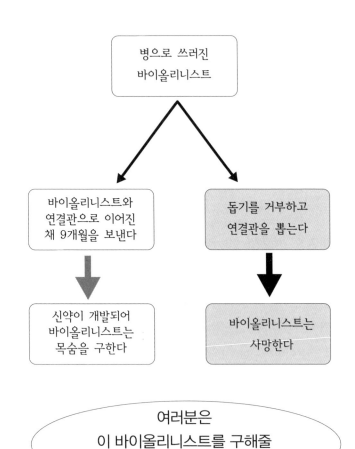

바이올리니스트와 자원봉사자

병으로 쓰러진
바이올리니스트

바이올리니스트와
연결관으로 이어진
채 9개월을 보낸다

돕기를 거부하고
연결관을 뽑는다

신약이 개발되어
바이올리니스트는
목숨을 구한다

바이올리니스트는
사망한다

여러분은
이 바이올리니스트를 구해줄
의무가 있을까?

이 사고실험은 미국의 철학자 주디스 자비스 톰슨(Judith Jarvis Thomson)의 유명한 사고실험을 바탕으로 한 것이다. 여러분이라면 두 가지 선택지 가운데 어느 쪽을 선택하겠는가?

여러분이 없으면 누군지 모를 바이올리니스트는 목숨을 잃는다. 다만 그렇다고 해도 9개월이라는 긴 시간 동안 여러분 자신의 생활을 희생하여 그 바이올리니스트의 생명을 구해야 할 의무가 있을까? 그것도 납치를 당하면서까지 말이다.

분명히 사람에게는 타인을 도와야 한다는 적극적 의무가 있다. 그러나 상대에게도 타인의 생활을 빼앗지 말아야 한다는 소극적 의무가 있다고 생각할 수 있다. 게다가 여러분은 요청을 받고 승낙해서 이 자리에 있는 것이 아니라 납치를 당해서 강제로 지금의 상태가 되었다. 그런 여러분이 바이올리니스트의 생명을 책임질 필요가 있다고는 생각하기 어려울 것이다. 다만 그렇다고 해도 여러분이 연결관을 뽑으면 한 사람의 생명이 사라지는 상황에서 과연 그 연결관을 뽑을 용기가 있을까?

주디스 자비스 톰슨은 낙태 문제를 생각하기 위해서 이 사고실험을 고안했다. 여기에서 바이올리니스트는 태아, 여러분은 임산부이다. 그리고 톰슨은 바이올리니스트를 구할 의무는 없다고 말했다.

"내가 9개월 동안 희생해서 한 사람의 생명을 살릴 수 있다면……"이라고 생각하는 사람도 적지 않을 것이다. 다만 그렇게 생각하더라도 그 사람을 구할 의무가 있느냐는 질문에는 의무는 없다고 대답하지 않을까? 이 경우 의무감에서 바이올리니스트를 구한 것이라기보다는 친절함의 발로라고 생각할 수 있을 듯하다. 9개월 동안 참고 도와주자고 생각하더라도 "당신에게는 그를 구할 의무가 있습니다"라는 말을 듣는다면 거부감을 느낄 것이다.

이와 관련해서 자주 등장하는 예가 "선한 사마리아인"이라는 이야기이다.

● 선한 사마리아인

노상강도를 만나서 소지품은 물론 옷까지 전부 빼앗기고 부상까지 당한 남성이 길가에 쓰러져 있었다. 때마침 근처를 지나가던 사제는 그 남성을 보았지만 못 본 척하고 길 반대편으로 지나갔다. 이어서 지나가던 레위인도 역시 길 반대편으로 지나갔다. 마지막으로 지나가던 사마리아인은 그 남성에게 다가가 응급 처치를 하고 자신의 가축에 태워 가까운 여관으로 데려갔으며, 숙박비와 간호 비용까지 대신 내주었다.

이 이야기에서 그 사마리아인에게 남성을 도울 의무가 있었느냐고 물어본다면, 그는 의무는 없었다고 대답할 것이다. 이것은 어디까지나 친절함이며, 앞서 그 남성을 못 본 척하고 지나간 사제나 레위인도 나중에 죄를 추궁당하지는 않을 것이다.

이 경우 바이올리니스트 = 쓰러진 사람, 여러분 = 지나가던 사람이라고 생각할 수 있다. 다만 선한 사마리아인 이야기와 바이올리니스트 이야기의 차이점은 친절함을 베푸는 쪽이 짊어져야 하는 부담이다. 남성을 돕기 위해서 필요한 시간은 일시적이었지만 바이올리니스트를 구하려면 9개월이라는 긴 시간 동안 자신의 몸을 제공해야 한다. 따라서 선한 사마리아인처럼 행동할 수는 있지만, 바이올리니스트의 문제는 별개라고 말하는 사람도 적지 않을 것이다.

부담이 더 적은 선한 사마리아인의 이야기에서도 남성을 구할 의무는 없다고 생각하는 사람이 압도적인 다수를 차지하므로, 바이올리니스트를 구할 의무는 없다고 생각하는 쪽이 일반적이라고 생각해도 좋을 듯하다.

컴퓨터가 지배하는 세상

　때는 기원후 2217년. 컴퓨터가 비약적으로 발달한 결과 인간의 뇌를 완전히 해석해서 그 사람의 기억이나 성격을 알아낼 수 있을 뿐만 아니라 이를 바탕으로 미래까지도 예측할 수 있게 되었다. 그러자 컴퓨터로 자녀의 뇌를 해석해서 가장 적합한 장래 직업을 알아내려는 사람도 생겨났다. 뿐만 아니라 자신의 취향을 분석해 살고 싶은 거리, 읽고 싶은 책을 추천받거나 자신의 능력을 분석해서 어떤 방면에 재능이 있는지 찾아내는 등 많은 것이 편리해졌다. 기업도 회사에 필요한 두뇌의 소유자를 선택할 수 있게 되었으며, 인재 영입도 컴퓨터가 알아서 해주게 되었다.

　자신이 현재 어느 정도의 능력을 지녔는지 알 수 있을 뿐만 아니라 현재의 뇌 상태를 바탕으로 미래를 예측할 수도 있다. 덕분에 의미 없는 노력을 할 일도 없어져서 인생을 효율적으로 살 수 있게 되었다.

　컴퓨터의 발달은 결혼에도 커다란 변화를 가져왔다. 자신의 뇌 정보를 등록하면 컴퓨터가 자신과 궁합이 잘 맞는 이성을 찾아준다. 그때까지 단 한 번도 만난 적이 없는 운명의 상대를 찾아낼 수 있는 것이다. 그중에는 상대방의 얼굴도 모르는 상태에서 결혼을 결정하는 사람조차 있을 정도이다.

경찰도 힘들게 수사할 필요가 없어졌다. 사건이 일어나면 조금이라도 의심이 가는 사람을 모조리 잡아들여 컴퓨터로 뇌를 조사한다. 그러면 컴퓨터가 순식간에 기억을 검색해서 그 사람이 범인인지 아닌지 알아낸다. 덕분에 범죄율 자체가 하락하여 전보다 안전한 세상이 되었다. 또한 미래에 범죄를 저지를 가능성이 있는 사람까지 알 수 있게 됨에 따라 범죄를 일으킬 확률이 높은 사람을 미리 체포해서 교화할 수 있게 되었다. 그 결과 거리의 치안은 더욱 좋아졌다.

정부는 국민의 평화와 안전, 쾌적한 생활, 그리고 국가의 발전을 위해서 12세 이상의 국민을 대상으로 1년에 한 번씩 뇌 정보를 등록하도록 의무화했다.

과연 이것은 바람직한 미래의 모습일까?

만약 컴퓨터의 성능이 비약적으로 발전해서 인간의 성격까지 완벽하게 분석할 수 있게 된다면, 어떤 일이 일어날까?

가령 여러분이 그 나라의 국민이라고 가정하자. 그림을 좋아하는 여러분은 화가가 되고 싶어서 매일 열심히 그림 공부를 했다. 그러던 어느 날, 여러분의 부모는 여러분의 뇌 정보를 컴퓨터에 등록하고 여러분의 재능을 조사했다. 그러자 컴퓨터는 시각과 관련이 있는 후두엽의 상태를 근거로 화가는 적합하지 않다는 결론을 냈다. 결과가 이렇게 나온 이상 미술 학교들은 여러분의 입학을 허가하지 않을 것이 분명했다.

이에 부모는 화가의 길을 포기하고 그 대신 컴퓨터가 적합하다는 결론을 내린 직종인 엔지니어를 선택하라고 여러분을 설득했다. 여러분은 컴퓨터가 예술을 이해할 수 있을 리가 없다고 반발했지만, 세상 사람들은 컴퓨터가 재능을 인정한 사람이 그린 작품만을 높게 평가할 터인데 아무에게도 인정받지 못하는 예술가의 길을 걷는 것이 무슨 의미가 있겠느냐는 생각도 들었다.

또다른 사람은 수공예 취미를 살려서 가게를 열었는데, 귀여운 그림 덕분에 일시적으로 인기를 모으게 되었다. 그러나 컴퓨터의 분석 결과 그 사람의 수공예 재능이 평범한 수준임을 알게 된 사람들은 그 귀여운 그림에 매력을 느끼지 않게 되었다. 그 그림에서 가치를 느끼지 못하게 된 것이다. 그리고 오히려 초보자의 작품이라고 비판하기 시작했다.

어떤 사람은 어느 날 갑자기 경찰에게 연행되어 전혀 생각해본 적도 없는 범죄의 가능성을 지적받고 교화 프로그램을 이수하게 되었다.

만약 컴퓨터의 범죄 예상과 이에 근거한 교화 프로그램이 있다면 범죄는 틀림없이 크게 줄어들 것이다. 사람들의 평화도 지킬 수 있을 것이다. 그러나 범죄를 저지를지도 모르는 성격이라고 해서 반드시 범죄를 저지르는 것은 아니다.

컴퓨터가 지나치게 유능해지면 사람들은 컴퓨터에 의지하게 되어 스스로 생각하는 힘이 약해질 것이다. 그리고 생각하는 힘이 약해질수록 컴퓨터에 더 의지하게 될 것이다. 컴퓨터의 지배를 받는 것이나 다름없는 세상이 정말 행복한 세상일까?

실제로 현재 기억의 메커니즘이 해명되고 있으며, 쥐를 이용한 실험에서는 기억을 조작하는 데에 성공을 거두기도 했다. 인간이 제어할 수 없는 수준까지 컴퓨터가 발전한 세계도 상상 속의 이야기만은 아닐지 모른다. 여러분은 그런 세계에서 살고 싶은가?

후기

사고실험 세계의 여행은 여기까지이다. 여행은 즐거웠는가?

사고실험은 혼자서 즐겨도 좋지만 여럿이서 함께 즐길 수도 있다. 그러니 기회가 될 때, 여럿이서 사고실험을 해보아도 즐거울 것이다. 여러분이 상식이라고 생각한 사고방식이 다수 의견이 아닐 수도 있고, 여러분의 주위에 있는 가족이나 친구, 동료, 연인은 생각이 다를지도 모른다. 그럴 때 자신의 의견이 옳다며 논쟁을 벌이지 말고 "아하, 그렇게 생각할 수도 있구나"라며 상대의 생각을 존중한다면 혼자서 이 책을 읽었을 때는 얻을 수 없었던 발견을 즐길 수 있을 것이다.

이 책의 주제는 사고실험을 즐기면서 논리적 사고를 단련하는 것이지만, 사고실험은 때때로 생명을 위협하는 위험으로부터 우리 자신을 지켜주기도 한다. 1977년 3월 27일 오후 5시 6분(현지 시각), 스페인령 카나리아 제도의 테네리페 섬에 있는 로스 로데오스 공항의 활주로에서 보잉 747 항공기 두 대(팬암 소속과 KLM 소속)가 충돌하여 승객과 승무원 583명이 사망하는 항공기 역사상 최악의 인명 사고가 발생했다. 생존자는 61명(승객 54명과 승무원 7명)뿐이었다. 너무나 끔찍한 사고였기 때문에 테네

리페 참사라고 불린다.

이 사고에서는 충돌 직후까지 무사했지만 그후에 일어난 화재로 목숨을 잃은 사람도 많았다. 갑작스럽게 벌어진 일에 사고(思考)가 정지되어 대피한다는 행동을 선택하지 못하고 그 자리에 가만히 있었던 것이 그 원인이었다고 한다. 영국의 심리학자인 존 리치(John Leach)의 연구에 따르면, 사람은 대참사에 휘말렸을 때 멍하니 있는 그룹과 냉정하게 행동하는 그룹, 혼란을 가중시키는 그룹으로 나뉘는데, 대부분(70퍼센트 이상)은 멍하니 있는 그룹에 속한다고 한다.

이 사고의 생존자들 중 다수는 평소부터 이런 일이 일어나면 어떻게 할지 깊게 생각해왔으며, 그런 습관이 사고가 발생했을 때에 기민한 행동으로 이어졌다는 설명도 있다. 생존자의 증언 중에는 과거에 사고를 겪은 경험이 있어서 항상 최악의 사태를 가정하고 어떤 일이 일어났을 때 어떻게 행동할지 시뮬레이션을 해왔으며 비행기를 타면 항상 대피 경로를 확인했다는 내용이 있었다. 뿐만 아니라 어떻게 해야 비상구까지 빠르게 달릴 수 있을지 상상하거나 전기가 꺼질지도 모른다고 생각하고 대략적인 거리를 감각으로 익혀두는 등 다른 승객들은 하지 않는 행동을 했을지도 모른다. 요컨대 그들은 만약 비행기 사고가 발생하면 어떻게 행동할 것이냐는 설정으로 사고실험을 했다고도 볼 수 있다.

또한 사고를 직접 경험한 적은 없더라도 텔레비전 방송에서 사고 특집 방송을 보거나 지인에게 그런 이야기를 들은 적은 있을 것이다. 그런 간접적인 경험을 계기로 자기 나름대로 사고실험을 하며 깊게 생각해보는 것이 긴급 상황에서 생사를 좌우하게 될 지도 모른다. 이렇게 사고에 대해서 미리 생각하는 것을 부정적인 사고방식이라고 보는 사람도 있겠지만, 이것은 부정적인 사고가 아니라 신중하고 현명하며 냉정한 사고라고 할 수 있다.

인간만이 지닌 생각이라는 능력은 사용할수록 단련이 되어 비즈니스를 성공적으로 이끌거나 위험을 회피하는 등 다양한 행동으로 직결된다. 평소에 사고실험을 통해서 생각하는 능력을 단련해온 사람들이 사고가 일어났을 때 냉정하게 행동할 수 있는 그룹이 되는 것은 아닐까?

이 책의 사고실험은 내가 재미있다고 느낀 사고실험을 중심으로 구성되어 있는데, 매우 재미있다고 느낀 문제가 있는가 하면 도무지 흥미가 느껴지지 않는 문제도 있을 것이다. 이 책에서 소개한 것은 수많은 사고실험들 가운데 일부에 불과하며, 지면 관계상 소개하지 못한 흥미로운 사고실험들이 수없이 많다. 찾아보면 그밖에도 여러분이 흥미를 느끼는 사고실험이 있을 것이다.

이 책을 통해서 독자 여러분이 사고실험의 매력과 생각의 즐거움을 새롭게 발견했다면 기쁠 것이다.

추천의 글

이덕환 교수(서강대 화학, 과학커뮤니케이션)

인간은 생물학적으로 호모 사피엔스라고 한다. 생각하는 사람이라는 뜻이다. 인간이라면 누구나 생각을 통해서 사물의 이치를 꿰뚫어보고, 자신이 처해 있는 상황을 정확하게 파악하고, 현명하고 합리적인 선택을 할 수 있어야만 한다는 뜻이기도 하다. 물론 모두가 생각하기를 좋아하고 즐기는 것은 아니다. 그저 아무 생각 없이 맹목적으로 남의 판단과 주장을 믿고 따르는 사람들이 넘쳐나는 것이 우리의 안타까운 현실이다.

생각도 운동처럼 반복적인 훈련과 경험이 필요한 일이다. 사고실험(思考實驗, thought experiment)이 생각하는 능력을 갈고 닦는 좋은 방법이 될 수 있다. 사고실험은 본래 자연과학에서 사용하는 독특한 생각의 방법이다. 아이작 뉴턴이 만유인력을 발견한 것도 사고실험 덕분이었고, "신은 주사위 놀이를 하지 않는다"고 믿었던 알베르트 아인슈타인이 동원했던 것도 사고실험이었다. 사고실험은 직접 실험을 할 수 없는 경우에 사용한다. 비용이 필요하지도 않고, 시간이 필요한 것도 아니고, 폭발이나 화재의 위험을 걱정할 필요도 없다. 누구나 의지만 있으면 언제 어디서나 마음 놓고 해볼 수 있는 것이 사고실험이다.

사고실험의 핵심은 '이성'과 '논리'이다. 생각의 모든 과정이 철

저하게 이성적이고 논리적이어야 한다. 고도의 집중력과 상상력도 필요하다. 그러나 감정과 파격은 확실하게 거부한다. 그런 사고를 통해서 실타래처럼 뒤엉킨 현실의 문제를 냉철하게 분석하고 해결하는 것이 목표이다. 흔히 간과하는 논리적 오류도 밝혀내고, 통계에 대한 고질적인 착각도 바로잡을 수 있다. 그렇다고 사고실험이 언제나 명쾌한 '정답'만 제공하는 것은 아니다. 최종 결론이 윤리적 판단에 따라 달라지는 경우에는 더욱 그렇다.

사고실험은 합리적이고 이성적인 결론에 도달하는 가장 좋은 방법이다. 어렵사리 이룩한 사회 민주화를 한 단계 더 성숙시켜서 후손에게 나라다운 나라로 물려주기 위해서 우리에게 꼭 필요한 것이 바로 사고실험일 수 있다. 언론과 인터넷에 차고 넘치는 정보의 홍수 속에서 정신을 똑바로 차리고 자존심을 가진 사람으로 바로 서기 위해서 필요한 것이기도 하다.

이 책은 우리의 일상까지 넓고 깊게 지배하는 정보화 시대를 적극적, 능동적으로 영위할 수 있는 사고의 힘을 논리적으로 훈련하고 단련하는 데에 아주 적절한 책이다. 이 책은 보통 독자들을 위해서 평이하게 그러나 치밀하게 쓰였으면서도 광범위하게 이용될 수 있도록 집필되었다. 일본에서 출간 1년 만에 12만 부가 판매되었다니, 이 책의 쓸모를 알 수 있을 것 같다. 이 책을 사랑한 일본의 보통 독자들처럼 우리나라 보통 독자들의 사고력 향상에도 이 책이 기여하기를 바란다. 한마디로 가장 간단한 사고실험 입문서이다.